JN096853

実存思想

飯島宗享

未知谷

主体性としての実存思想

実存というのはまことにおぼつかない日本語で、そもそも読みかたからしてジツゾンなのかジッソンなのか判然としない。一見ぎこちないその字面も、じっと眺めていると何やら意味が出てきそうだが、字面から妙に何かを憶測してもらいたくないのがドイツ語のエクシステンツを実存という新語に訳した最初の人のねらいかとも思われる。つい戦前戦中までは現存（現実存在）とか覚存（自覚存在）とかの訳語も用いられたが、この思想が思想界のひなたに出た戦後では実存の語にほぼ統一的な内容がもたらされるようになった。実存とは現実存在を略した表現である。

ヨーロッパには哲学の伝統的用語にエッセンチア（本質存在）とエクシステンチア（現実存在）というのがあって、前者は普遍的・抽象的存在を、後者は個別的・具体的存在を意味した。実存がエクシステンチアに由来するのはもちろんだが、それに格別の意味をもたせてこんにち実存と訳される概念でエクシステンツの語を用いた最初の人はキルケゴールである。それゆえ実存哲学(エクシステンツ・フィロゾフィー)がヤスパースの「現代の精神的状況」のなかでの造語で、実存主義(エグジスタンシアリズム)が厳密にはサルトル一派の文学運動であるにしても、実存思想そのものはひとまずキルケゴールにはじまると見るのが妥当である。

キルケゴールでは、実存とは現に今ここにこうして具体的に存在する絶対にかけがえのない私というこの人間(彼の表現によれば「単独者」)の自己を意味する。ところでその自己だが現に具体的・個別的に存在するだけでは木石禽獣と同格の現存在(ダーザイン)にすぎず、ハイデッガーの表現を借りるとそれは「投げ出された」存在であって、それが投げ出されていながら投げ(企て)るときにこそ実存的自己である。

キリスト者であるキルケゴールは投げ出されたとは言わず神によって置かれたという言いかたをするが、要するに彼によれば人間の置かれかたは無限と有限の綜合、時間的なものと永遠的なものの綜合、自由と必然の綜合という綜合関係であってそのように綜合関係として置かれている人間がそのような自分自身にかかわりをつけ自分自身を処置するとき、そこにはじめて自己という関係が成立するのであり、だからいわゆる人間はまだ自己ではないのだと説明される(死にいたる病)。おなじ意味で彼とともにヤスパースも人間は実存の可能性だという。各人がそれぞれ自己として自分の現存在=生存に関心をもち自分の現存在のありかたをみずから主体的に決定してゆくところにキルケゴール流の実存の趣旨があり、この趣旨が実存思想一般を貫くものである。
キルケゴールは言う――「神は私が何を為すことを欲したもうかを知ることが重要なのだ。私にとって真理であるような真理を発見し、私がそれのために生きそして死ぬことを願うような理念を発見することが必要なのだ。いわゆる客観的真理などを探し出してみたところでそれが私に何の役に立つだろう。哲学者たちの打ち建てた諸体系をあれこれと研究し……体系内の不整合な点を指摘しえたにしたところで何の役に立とう。堂々たる国家論を展開し、あらゆるところから抜きとってきた切れ切れの知識をつなぎ合せて一つの全体にまとめ上げ、一つの世界を構成しえたにしたところで私がその世界に生きるわけでなく、ただ他人の御覧に供するというにすぎないので、私にとって何の役に立とう。キリスト教の意義を説明することができたところで、個々の多くの現象を解明しえたところで、それが私自身と私の生活にとってそれ以上の深い意味をもたないとしたら、それが私に何の役に立つだろう」

ここには客観的真理や体系的世界観への実存思想の深刻な対立がある。だがその対立は、客観的真理や体系的世界観と称するものがその客観性や体系性のゆえにそれが単独者の生活に主体的に取り入れられるかどうかに関心をもとうとしないありかた、またそうしたありかたに真の客観性や体系性が歪められる事実に対する主体的人間の側からの抗議である。思想が客観性の名のもとに傍観者的にあつかわれることへの対決を実存が迫るのである。思想のための思想といった表現に見られるような人間が置き去りにされたありかたに対して、人間、それも端的に単独の人間の主体性を確立し各人それぞれの生活のなかで意義をもちうるような関係において観察や思考がおこなわれることをそれは要求する。

実存思想はそれゆえ単に思弁的観想的であることに反して行動的生活的であり、その本質からいって論理形式でなしに倫理現実に関するものである。したがって実存思想はそれ自身のイデオロギーや世界観をもつどころか、直接にはそれらのいちいちの内容を問題にすることもなくただそれらが問題になる客観的認識の分野を単独の人間の全体性のなかで正しい関係において回復し、単独者がそれによって生きかつ死にうるような理念と結びついたイデオロギーや世界観を認めたばあいにその真理を単独者に生きさせるエネルギー源をそなえる思想である。キルケゴールはそこの道理をこう述べる――「もちろん私は認識の命令を承認すべきことを、この命令のゆえに人々の上に働きかけることができるのだということを、否定しようとは思わない。しかしそれにはその命令が活き活きと私のなかにとり入れられなくてはならぬ」

実存といえば絶望、不安、憂鬱、吐気、深淵、虚無、不条理といった一連の実存的用語にとりまかれた不気味な存在様相を思い浮べて尻ごみする向きや頽廃期にあっては慰戯的にそれに惹かれる向きもあろう。まぎれもないそれらは実存にこびりついており、実存の度のバロメーターとさえいえる。なぜならそれらはみな「自己の実存をまるで他の存在者に結びつけ、そのなかで生きそのなかで死んでゆく」日常性から脱して実存的であろうとするとき、そのつどまず見いだしそこで決断を迫られる自己の状況の図、またそこでの自己の気分の図だからである。

キルケゴールが自己の偉大と卑小、恍惚と不安、誇りと謙遜を同時に感じたこの状況と気分の見取図を「足下の大地が崩れおちる」という形で最もあざやかに描き出したのはハイデッガーである（存在と時間）。ハイデッガーが日常性の頽廃を不定人称を用いてひとの世界と称し、そこに投げ出されていながらそこから投げ企てることに実存性を見たように、キルケゴールでは衆的ありかたからの人間の孤立化が、ヤスパースでは大衆および集団機構のなかに埋没されかかっている現代人の人格の回復が強調される。

ルカーチはじめ公式的マルクス主義者はこうした単独者の範疇が階級的団結を阻害すると非難することに急で、単独の人格の自覚あってこそ組織の真のメンバーでもありうることへは眼を向けない。同様の彼らの短見は、実存思想の非合理主義的な面が反動勢力と結びつく現象的事例に眼を奪われて、彼ら自身の科学的合理主義の公式的強制に対して実存思想が鳴らす警鐘を耳にいれたがらない。彼らが言うごとく広い意味での近代の実存主義は没落期の資本主義の頽廃の落し児的性格を帯びているかもしれない。

しかしニーチェの場合でも、すでに偶像と化していたキリスト教の神から身をもぎはなし神を殺すことで自己の人間を主体的に確立しようと企てた実存的性格に関しては別の評価もなされてしかるべきであろうし、シェストフやベルジャエフはともかくとして、地下生活者の石の壁のあのドストイエフスキーには資本主義論の彼岸にある人間を学ぶことができるはずである。

また「気ばらし」のうちに人間の日常性を見て「悲惨」「無知」に沈淪する人間をみつめながらほとんどキルケゴールと同様の思想を「パンセ」のなかで披瀝したパスカルは、実存思想の系譜をたどるとき見落しえぬ存在である。さらに遠く源を探るならキルケゴールがたえず顧みて師と仰ぐソクラテスの「無知の知」の自覚や「魂の気づかい」また、その生そのものが真理であったキリストにこそ実存の原型は求められるべきであろう。無神論的実存思想をふくめてなおかつそうであろう。なぜならキリストこそは矛盾と逆理においてしかあらわれえぬ真実を身をもってあらわしたものだから。

実存思想　目次

実存思想

調律のために

1　ソクラテス的愛知への顧慮

　哲学が語源的に愛知を意味することは周知のことに属するが、そこで愛される知ソフィア **sophia**（**sapientia, wisdom**）が、それ以外のたとえばエピステーメー **epistēmē**（**scientia, knowledge**）その他の知から区別されて有した固有の意味において顧みられることは、必ずしも常になされていることではない。それどころか、哲学の名において何事かが語られるときにすら、それは往々にして見失われてきたし、だからこそ哲学史のなかでもあのようにしばしばソクラテスが呼び返され、ソクラテス的愛知 **philosophia** の意義の想起と復権が言いたてられてもきたのであり、また絶えずソクラテス的警告が哲学の擁護者でありつづけるのである。

sophiaは根源知や目的知として（epistēmēが手段知＝技術知、科学的知、したがって実用知ともされるのに対して）、「知恵」とか「上智」とか訳されながら、世界の根本原理に関する知であるがゆえに、世界観・人生観に直接のかかわりをもつものである。「人は誰もが或る意味で哲学者である」という言葉がある。この場合、或る意味とは、自覚的にもせよ無自覚的にもせよなんらかの世界観・人生観にかかわりなしには生活していないという意味に解することができる。またギリシアよりもずっと早くから、世界の諸文明地域に知識（科学的知識）にもとづく文明の開花があったにもかかわらず、哲学がミレトスのタレスに始まるとされるのは、それが自然哲学と呼ばれるような科学性に傾斜をもつ接近の仕方ではあったにもせよ、単なる技術知・実用知としてでなく世界と人間の根本原理の学であったがゆえである。当然、そこには全体展望の綜合的・巨視的視点が分析的・微視的視点と共在し、そのかぎりにおいて当然また、そこにはみずからの知的探求それ自身のあり方に対する反省と省察も見られる。

このように根ざすべき根拠と志向すべき目標にかかわる知であるsophiaも、ひとたびそれが知られたものとしての知となるや否や、教えられ、学ばれ、用いられることのできるepistēmēに変質する危険を絶えず有している。それというのも、sophiaこそは人がおのれみずからの生活のなかで主体的に求めてわがものとしてこそ、それとしての意義をもちうるものであって、しかもその人自身においても常住不断に新たにわがものとされるしかなく、どのような既成的あつかいの掌（てのひら）からも脱け落ちるものだからである。哲学は哲学すること（sophiaを愛求すること）そのことにおいてのみ生命をもち、その所産である哲学的知識それ自体は、epistēmē にとどまる。この関係を典型的に示したものが、いわゆるソピストたちに対するソクラテスの立場であったことは、言うまでもない。ただ、どれほどきびしく自戒しても、しすぎることのないのが、哲学におけるソクラテス的アイロニーによる無限の自己否定の意義である。「哲学とは何かと問うことそのことにおいて、哲学は現になされつつある」という表現は、この意味できわめてラディカルである。

もちろん、容易に考えられるように、sophia の知はその形而上学的性格のゆえに、特有のさまざまな経緯を形而上学そのものと共にしてきた。神話や宗教と結びつき、あるいはそれらの枠の内にとりこめられるのも、その一つである。また逆に、神話や宗教から解放されるさいに、それらとともに遺棄されるのも、もう一つの例である。しかしまた、ニーチェに代表されるような、ニヒリズムの例もある。sophia をめぐる経緯の諸相は、歴史のそれぞれの時期に特徴的に見ることができるが、のみならずそれは現在における事実でもある。要するに、基本の問いは、現在をそれに即して方向づけるべき世界の基本原理は何か、である。世界と人間がそこに根ざしそこに志向すべき根拠と目標は何で、それはどこに見いだされ、ないしは求められ（創られ）るか、である。神といい、自然といい、あるいは神の不在の意味で無といってみても、それだけでは今では答えにはならない。もともと、寄る辺ないところで、それにもかかわらずなんらかの拠りどころと目あてを求めての愛知であり、とかくするうちにも生活は実際には何かを拠りどころとし目あてとして現に営まれており、であるからにはその自覚のもとで問いは積極的な答えを待っているからである。

sophia に固有の形而上学的性格を全面忌避して、哲学を科学の地平にのみ限定する試みは、近代の啓蒙主義以来、合理主義の思想潮流として現代の世界状況を作り出す主勢力となった。sophia と訣別した epistēmē の独壇場こそが、こんにちの科学・技術主義であり、それが導出したものが、もはや薔薇色の未来どころか、現在すでに人間の生存そのものが危ぶまれるまでの政治的・社会的・文化的状況といえよう。体制変革も、科学の進展も、技術の導入も、かつて希望とみえたすべてのものが、今や主体としての人間の確立と、また全自然のなかでの人間の位置の敬虔な省察とによって、然るべき方向づけをあたえられることなしには、むしろいっそう苛酷に人間をさいなみ非人間化におしやる危険として立ちあらわれるにいたった。当然、随所に反省が蜂起的に生じた。人間にとって、学問とは何か、技術とは何か、そして哲学とは何か。この状況を導出したのは、理性を筆頭に、およそ主体たる人間の道具たるものどもが、人間不在の状態で独り歩きしたことによるとされ、疎外論・人間論とともに、epistēmē にのみかかわる道具的理性を越えた sophia にかかわる理性の復権論の登場を見るのが現状だといえよう。

　以前には、不景気になると哲学書が売れる、などといわれた。いまの日本は必ずしも不景気とはいえないらしいが、哲学への関心はかなり上昇気流に乗りつづけているようである。かつての「不景気」を世情人心における全体的危機感の深刻化の代名詞と解するなら、確かに今は世界史に前例を見ないという言い方も決して誇張とは思えないほどの規模で、きわめて根底的（ラディカル）に転換が迫られ、原点に立ちもどっての改めての根づきと目あてづくりが課題になる哲学（フィロソフィア）に人びとの目が向いても不思議ない時期である。

　哲学は不幸な時代の不幸な人のものである、などといえば、いささか感傷的に過ぎて気障（きざ）にも聞こえようけれども、人びとが哲学に積極的な関心を寄せるような時代が、決して愉快な時代でないことだけは確かである。だがまた、愉快の直下に奈落があり、不幸がかえって幸いでもありうる類のことを思えば、哲学はアイロニーとともにユーモアをもたずさえていなければなるまい。

2　現代哲学の課題

a　現代をどう見るか

ユリーカ

いつの時代の人も自分の生きている時代を特別の時代と思いなしたがるのは、自分自身を他人と異なる特別のものと思いがちなのと同じ心理のなせるわざである。また、その特別さというのが、時として優性の方向で、時として劣性の方向で意識されるのも、個人において自分を特別とする自己意識が、時に優越意識（スペリオリテ・コンプレックス）を、時に劣等意識（インフェリオリテ・コンプレックス）をともなって生ずるのと同様である。

子供は見聞の経験の小ささゆえに自分の精神的・身体的個性を他に比較して自覚するそのつどに、発見した差異を絶対化し、誇張された優劣の意識において有頂天になったり、身も世もなき絶望と羞恥に悩むことになる。大人は平均値の知識によって差異を相対化するすべを知っており、また一局面における優劣が他の局面における優劣によって相殺される可能性や、全体を綜合的に展望する分別をもっているために、個別的差異のいちいちについて子供のように動顚することは少ない。しかし、こういったからとて、これは必ずしも大人の意識が子供の意識に無条件にまさることを意味するものではない。子供の意識が差異性を大写しにして同一性に盲目になる微視的偏見におちいりやすいとすれば、大人の意識は大同小異を達観することによっていわば巨視的偏見におちいる危険をもつからである。いいかえれば、大同小異的達観はすべての色を灰色一色に溶かしこんで、差異ゆえの悲喜こもごもの人間的情念に無縁な、一種の無感動、不活動を招きよせるからである。これにくらべれば、差異の発見は、負の方向における挫折の危険をさえふくめて、「私は発見した(ユリーカ)」の鮮烈な感動をもって呼びかけて、生を躍動させる。

それゆえ、自己認識においても、自他の差異の諸相をたえず新鮮に発見することを基底に、そしてその差異を驚異として衝撃的に受けとる感受性を保持しつつ、なお差異の反面にある、あるいは差異を包み越えてある同一の事実をも差異の発見に劣らぬ鮮度で、したがって驚異として発見し、さらにはそのような差異性と同一性とにおいてある存在の全体性をそのようなものとして、あらためて、これまた驚異として発見した上で、その全体との関連のなかで当初に差異として発見したものを意義づけて受けとめることができるなら、最も望ましい認識といえるであろう。もちろん、このような認識は、自己の現在の相をそのまま対象とする単に客観的な認識ではない。そうではなくて、これは、客観的な対象的認識を媒介としながら、その認識作用と認識内容に対象化された認識主体をその志向、関心において対自化せしめることにいっそう大きい意義をもち、それによって、認識主体としての自分のあり方そのものに変革的にかかわる実存的な主体的認識というべきものであろう。すなわち、他のものではなくて特にこの差異が発見されることになるような関心のあり方をしている現在の自分と、その自分のおこなう認識とについての自覚は、当然、反省をうながし、より重要な、関心をもって然るべき差異性なり同一性なりに関心をもつようなあり方への自己変革を課題とすることにみちびき、それにともなって認識作用がいかなる対象に向かうべきかについて主体的な方向づけがおこなわれ、当初に差異として発見されたものもそのなかで定位を得ることになる。

楽観と悲観

時代意識についてもこれとまったく同じことが考えられる。自分の時代を未曾有（みぞう）の黄金時代と謳歌することは少いにしても、逆に歴史上最悪の時代、世の終りがまぢかい末世と見るのは、古来いたるところに例をもつ事象であり、今日でも決して稀れではない。しかし、それ以上に多いのは、自分の時代を特別と思う意識が、その時代を画期的な時代、歴史的な転換期と受けとらせるケースである。そしてこれに、時代の経過を楽観的に見るか悲観的に見るか、つまり未来を薔薇色に見るか灰色に見るか、色合いを異にした意義づけが加わる。

さまざまな矛盾と曲折はなおあるにせよ、今の時代は昔にくらべれば格段によくなった、将来はもっとよい時代にできるはずだし、なるだろうと、歴史の歩みを進歩と観じて未来に希望を托しつつ精進する人も少くない。そのような人々の目には、世界大の視野においては、第三の火といわれる原子力の開発に集中的に表現される科学的成果とその技術的利用が輝かしい勝利の歩みと見えるのであるかもしれないし、あるいは宇宙空間が地球家族に開かれた画期的意義と見えるのであるかもしれない。あるいは戦争と軍備の廃絶が展望できる時代、民族的・階級的な支配被支配関係の終焉の時代、等々が見えるのかもしれない。また身近なところでは、生活水準の向上、交通・通信の迅速化、便利な器具・資材の普及による省力化、医薬の進歩による長命化、市民的権利の保障等々において、一世代前の戦争に明け暮れた忍苦の時期にくらべて今日が平和と繁栄の路線上にあるものと見えるのかもしれない。しかし、こうした人々が楽観的に正の方向で評価するその同じ今日の諸事実が、別の人々にとっては悲観的に負の方向で評価される。前者がこれまでの歩みの延長上に飛躍的発展を期待しうる転換期として現代をとらえようとするのに対して、後者は軌道を変改しなければ破滅にいたる危険な曲り角に達していることこそ現代が転換期であることの意味だとする。後者にとっては、今日の科学的成果とその技術的利用の総体が疑問視され、その視点からは、さしあたり平和と繁栄と見えるものの背後に爆発に瀕している矛盾の激化が指摘されようし、その矛盾がすでに諸所に噴出しているのが見られ、全体が闘争と悲惨の蔭のもとにあるものとして見られる。天然資源の蕩尽、自然環境の破壊と生態系の撹乱、大量殺戮兵器の発達、これらはむしろ類的規模における人類の生存の脅威をなす。しかもその趨勢のなかで、人間の社会的関係においては、支配・被支配の関係がなくなるどころか、事実上の少数・弱者の切捨てが合法的に進行する。そして、これらすべてを許容する原理に、科学と技術とが仕える。民主主義すらも「多数者の幸福」原理と癒着して、多数者に体制受益感を与え少数者に体制の矛盾を極度に皺寄せする管理技術が、これに拍車をかける。このような見かたは、眼前の事象にのみ目を奪われるのでない洞察力と想像力を要求する。

画期的意識と終末的意識

しかしながら、要求される洞察力と想像力をもってする事態認識も、その明暗表裏の把握を通じて、在来路線の行方に対する悲観ではあっても、危機意識にもとづく転換によって新たに選びとられる路線の可能性に対してまでも悲観的であるとは限らない。むしろ、ありうべき未来と、それをわがものになしうる人間とへの信頼を基本にしてこそ、在来路線に対する楽観悲観を問わず、画期的意識は成り立ちうる。画期的意識とは、終末的意識とは異なり、時の未来への期待において、今より以後を今より以前と区別される特別の時期として、そこに特有の新しい課題を設定し、その課題に立ち向かうべき新しい考え方を求めるものだからである。これに反して、時の未来に対する絶望、同時に人間の未来に対する絶望が支配的であるような悲観が存在する。これが終末的意識であるが、これはさらに時の未来に対してのみならず、過去・現在・未来を通じての時一般に対する絶望としての終末的意識にまで飛躍することがある。歴史的営為のなかで人間も世界もあらゆる変遷と変貌を経験してきたし、今後も経験するであろうが、本質的には何も変っておらず、知識と技術の発展した今の時代に生きる人間が遠い昔の人たちにくらべて、より良い人間になったとも、より幸福になったとも、とうてい思われないという観点が、それである。そのつどの機縁に変様はあろうとも、何かを愛し、何かに悩み、何かを争い、何かを喜び、何かを悲しみ、そしていつかは死んでいくという、人間の運命の置かれている限界状況を、それは見る。

かつて個体における死と終末の意識は、なおおのれの属する家族・種族の血統のうちに、あるいは少くとも類体としての人類の存続のうちに、未来の時を生きつづける希望をもつことができた。また、その限りにおいて、そうした後代によって自分たちの生の足跡や業績がその名とともに保持されることを期待するのも有意味でありえた。しかるに現代では、人類の全滅、もしくは今日までわれわれがそれであったような人類とは別の類の生物に畸型化することが、それも現代人がわがものにした技術によってそうなることが、悟性的に計量可能な、しかも実現の公算かならずしも小さくなく、すでに部分的には現実化した脅威となっている。終末的な破局の予想から、もはや子をもち親となることは無責任なこと、罪悪ではないかと、真剣に思い悩む人さえもいる。これは、現代における危機意識が単に個体とその主観的世界の終末のみならず、それと同時に類、世界、歴史をひっくるめた時の終末に関連する終末的意識になりうることの一つの徴表と見られる。また、これは、個が個でありえてこそ類も成り立ち、個と類が存立の運命を共同にしていることを示唆する「時のしるし」とも見られる。

時と永遠

愛すべきものとて留めるすべなく、憎むべきものとて封じきるよしもなく、すべてが生成・変化・消滅の過程のなかの一齣のありさまであるということが、時の規定の本領である。この時間性の自覚は、全存在とその間にあっての人間の喜怒哀楽の生活感情のすべてを、かつ消えかつ結ぶ水泡(うたかた)になぞらえて観念する無常迅速的な終末的意識を招き寄せる。しかしそれは同時に、移り行き過ぎ去るもののなかで移り行くことも過ぎ去ることもないものへの意識と願望をともなっている。時の規定を越えたそのような永遠なものは、計量可能な有限性を越えた無限性でもある。この永遠にして無限なものへの畏怖と憧憬を背後に秘めた時間性の自覚として、終末的意識は登場する。時間性への絶望が永遠性への希望であるのが、それゆえ終末的意識の本来であり、歴史の事実もまたそうであった。だが、現代は、少くともおもて向きには、希望しうる永遠性を見いだしえぬままに時間性への絶望がきわまった終末的意識が特徴的である。これまで永遠性とされてきたもののことごとくが、蒙昧な頭脳に思い描かれた幻影であり、熱い心情に仕立てられた偶像であるとされたからである。そう知らしめたのは近代の理性、より精確には啓蒙期以来の合理主義的な理性であった。

神の死が宣言され、それと共にいっさいの観念的構築物が時の規定のもとに移されるにいたっても、当座はまだ時の未来に、したがってまた人間の未来に永遠性を托して、たとえば至福千年説さながらに、有史以来の闘争と不義と憎悪の人類前史を脱して、平和と正義と愛の支配する真の人類史の開始する時の到来を無邪気に信じることができた。だが、そうした未来信仰こそむしろ幻想であることが明らかになり、それにともない今日までの文明の歩みが問われるようになった現代では、もはやいかなる逃げ場もないという意味でむしろ本来の終末的意識をわがものとしたといえよう。もちろん、それと共に永遠性もまた、往時とは異なる理解を求めつつも本質的には同じ永遠性として、希望の根拠となることを時代の課題たらしめると見られるであろう。

時の充実としての実存

しかし、このような観点に立てば、近代合理主義の理性によって抹殺された永遠性は、永遠性そのものではなくて、それが概念的に把握しえた観念としての限りにおける永遠性にすぎなかったと考えられる。すなわち、神も、神にもとづく永遠的なすべても、実はいかなる観念でもなく、終末的意識をもつ人間の実存がそれによってのみ現在に耐えうる希望として対面する実存であるのがその正体であって、それを神と呼ぶか永遠と呼ぶか、あるいは存在と称するか無と称するかは、事の定め（ピュシス）ではなく人の定め（ノモス）に属することなのではないのか。「哲学者の神」だけが哲学者によって殺されうるのであって、実存的な意味では神の死は人間の死にほかならない。理と見たものが出来事となって現成したときの快哉、人の情に触れえてほのぼのと心あたたまる、あるいは熱い思いに駆られる経験、さらにはふとした機会から互いに通じ合うものを見いだしえた共鳴感など、こうした外目（よそめ）にはさしたることもないそれ自体はささやかな物事のもたらす感動が、実際には生きる喜びとなって生を支えているのであって、生のこの実感に関してはいかなる合理主義者も例外ではありえないだろう。そしてそれは日常的に出会うことの稀れなほとんど僥倖的めぐりあわせであり、必然の論理では期待すべくもない確率しか算出されない偶然に属することであろうから、それが生起して経験されえたことは驚異として、それゆえにこそひとしお深い感動を誘いもするのであろう。またそれは小さな奇蹟として大きな奇蹟を信じる心理的根拠ともなり、その驚異の経験を時の闇のなかにさしこむ永遠の明るみのようにも思わせるであろう。

　それゆえ、現代をどう見るかということには、単に現代そのものを見るばかりでなく、現代という時代区分をふくめて現代がすでに前代および後代との異同の比較や関連において見られているということがふくまれているが、それにとどまらず、その見かたのうちに時一般についての展望が、またその裏面において永遠とのかかわりがどうなっているかが示されており、さらには、そのように見る主体である自分自身のありさまが露呈されているのである。楽観的に見るにせよ悲観的に見るにせよ、何を最大の価値とし何を究極的に志向するありかたをしている自分であるかに結局は還元され、したがって直按的な情念に発する楽観や悲観は、それを鏡として自己のありかたを確認させ、反省的に新たな定位に向かわせる具体的契機であって、いかなる決定性でもありえない。現代をどう見るかにもとづいてわれわれが設定する課題について考えるとき、常に示唆的でありつづけるのは「たとえ明日、世界が滅びるかもしれないとしても、今日、私はリンゴの苗を植えるであろう」という先人の言葉である。いうまでもなく、これは論理的必然でも客観的確実性でもなく、主体的な人間の自由における決断である。そしてこれが最後まで耐え忍ぶ者の態度、また地を嗣ぐ者の資質なのであろう。楽観と悲観とを越えて、ここには歴史主体としての人間の営為についての限界の意識と、それにもかかわらず主体的に時の現在を肯定し、歴史的営為をもってそれに責任をもとうとする態度があるからである。

b　現代の状況と哲学的課題

技術化された世界

今日の状況を特徴づけるのに「技術化された世界」という表現がある。これは現在われわれにとって日常性となっている状況を適切に示すとともに、その問題的傾向の芽が先駆的な思想家によって指摘された十九世紀中葉以後を現代としてとらえる基準をもあたえる。ここではこの観点から現代を規定し、具体的にはキルケゴールやマルクスの思想の成立とその後の経緯を顧みつつ今日の哲学的課題を考えることにする。

技術化という語に集約的に表現されるものは、局面のそれぞれによって、人工化、効率化、機能化、機械化、省力化、オートメーション化、大量管理化、組織化、スピード化、さらには工業化や都市化、また職人化、抽象化、オブジェ化などの諸現象として理解されることができるし、大量管理には大量生産、大量消費、大量伝達、および大衆支配としての官僚主義などまでふくめて考えられる。この趨勢が急テンポに進んで、同時にそれのもつ矛盾を激化させ、技術化による人間疎外の問題を一般的に顕在化したのは第二次大戦後のことであるが、すでに同じ問題意識でこの傾向に立ち向かう情勢は第一次大戦後に存在した。われわれが今日の状況下で今日の課題を模索するにさいして、しばしば二十世紀二十年代および三十年代の状況と、そこで考えられた諸思想を顧慮することが出てくるのは、このためである。さらに、十九世紀後半から擡頭して暗い世紀末意識に連なった、特に知識人に代表される頽廃と絶望感は、今日とほとんど同質の問題に対する鋭い感受性に促されたものであったと考えられる。当時「人工」という表現で諸家の取りあつかったものは、いま「技術化」という表現で問題にされるものに、そのまま通じるものである。譬えを作家と創作物にさぐれば、「悪の華」の詩人ボードレールやヴィリエ・ド・リラダンなどのほか、オスカー・ワイルドのドリアン・グレイ、ユイスマンスのデゼサント、そしてドストイエフスキーの地下生活者などに見られるものがそれである。もちろん、その前史をなすものは十八世紀から十九世紀にかけてのロマン派であり、それが十八世紀啓蒙に対する反動として非合理主義の系譜に属することは否むべくもないが、こうした来歴をもちつつも「技術化」が今日の問題となるときの特質は、単にロマン派的にメルヘンの虚構の世界へ逃避するのでなく現実の生活世界にあくまでも踏みとどまるところでの問題であり、従ってまたロマン派的な反理性における心情・感性への依拠でなく現実に責任をもちうる理性の新たな発見を求めての問題である点にある。

技術化が問題視されるということは、それと対立する自然が意識されていることを意味する。そして自然には、人間における自然と人間を包含する自然との両者がさしあたり区別される。それに従って、人間における自然としての「人間の自由」の観点と「自然のなかでの人間の位置」という観点と、この両観点から、またその重なりにおいて、技術化は問われることになる。つまり「技術化された世界」という状況の把握は、一方では、技術化によって人間の自由が奪われていること、いいかえれば、人間疎外が生じていることへの憂慮に通じる。人間がもはや自己自身の主人としての自由をもたず、技術的に制度化されたシステムのなかの一歯車となるよりほか生存の方途がないまでに、非人間化にさし向けられて、この文明社会の一員であることに、またおのれの属する国家の一国民であることに、あるいは一職能人であることに、不自由や恥や負い目をおぼえさせられるのが、このシステムの管理者を自負するひと握りの人たちと人間的自由の自覚を欠く人たち以外、大衆の事実である。もっとも、鋭敏な管理者はその事実に無知ではないし、それゆえ現在のシステムの改良を考え、安全弁の用意もする。また、そうした大衆に代表される人間も、単に被害者でだけあるわけではない。個々の部品なくして機械なく、個々の末端なくしてシステムなく、個々のメンバーなくして組織体なきがごとく、そして残酷に聞こえようとも、資本制社会はその制度下で働く労働者たちによって支えられているると指摘するマルクスの論理のとおり、技術化によって人間疎外が生ずるといっても、その技術化はほかならぬ人間自身の営みであってみれば、人間は加害者でもあるといわれねばならぬし、それは人間の自己疎外にほかならない。もちろん、その場合の営みが管理者としてのそれか、管理下の末端業務としてのそれかは、ここでは問題になりようがない。

「技術化された世界」という状況の把握は、他方では、技術化の結果が人間をふくむ自然の全体を破壊することになりつつある現状への批判に通じる。それを原資としてこそ技術化もありうる自然的資源の枯渇、自然環境の破壊とそれにともなう生態系の損壊、それは生物としての人間自身の生存と現在の生活条件がその存立基盤において人間自身によって脅かされていることへの自覚となってあらわれている。牧歌的な田園風景への郷愁や神秘を孕んだ森と海への憧憬は、人類の全体を絶滅ないし畸型化するに足る量の核兵器や細菌の貯蔵がおこなわれ、水俣病やこれに類するもろもろの公害がはびこるところでは、もはや詩情の趣くものであるばかりでなく、同時に散文的な生活防衛上の要求でもあり、それこそが文明批判と、その文明の担い手たる人間そのものへの批判の原点となりうるものである。

この一方の人間疎外と他方の自然破壊とは別の二つのことではなく、根は一つである。二つながら現代の主要問題として無視できないがゆえに、すでに国際的規模で政治の課題ともなる。人間の自由は人権と民主主義の名のもとに、自然破壊の歯止めは資源保護と環境保全の名のもとに、さまざまな市民運動によって担われ、国際会議の議題にされる。だが、両者をその一つの根において全体的にとらえることは、単なる既成概念としての政治を越えるがゆえに現在の政治に直接かかわることはないが、将来はそれにもとづいて政治も考えられねばならぬところの、哲学的課題である。それというのも、今日の文明批判が人間の自己批判につながるということが明らかなほどには、文明についても人間についてもその批判の内容と結果は必ずしも根底的かつ全体的ではなく、したがって両者の根が一つであることは明らかではないからである。問題は、技術嫌悪や文明呪咀が人間的なことであるわけでもなければ、寡欲で、足ることを知る人間を作り出して文明の進度をゆるめれば事がすむわけでもないところにある。

根底的かつ全体的な生に向けて

「技術化された世界」の意識は、いわゆる先進的な工業国に生活する者のものである。しかも、この意識がみずからの現状への反省から留めおきたく思う自然にまだ資源的にも、環境的にも、社会的にも恵まれているいわゆる後進的な開発途上国のほとんどは、総力をあげて技術化の道で追いつき追い越すことに励んでいる。環境問題とは、化学薬品などの公害を問題にするのは先進工業国の場合で、開発途上国においては、たとえ薬害が明らかなＤＤＴであっても、それを用いて蚊を撲滅してマラリアから人間を守るという問題なのである。ＤＤＴに代わる無害な手段の開発を待つ余裕は、そこにはない。すべての点で、技術化された世界をわがものにすることが、国際社会の競争場裡で被抑圧状態から脱却する唯一の道だからである。つまり、このままでは、技術化された世界は、早晩、地球全体がそうなる世界なのである。ということは、それが現代の世界的状況であることを意味する。

そして同時に、右の事実は、技術化が実状においては競争原理の上に立って、優劣の関係、ひいては支配・被支配、抑圧・被抑圧の関係に仕えているという問題を指し示す。この関係を廃絶して、競争原理に代えるに共同原理をもってすることは、古来、人々の悲願でありつづけ、さまざまに理想国と理想的人間を構想させてきた。愛の説もそこに呼びかけ、近代における社会主義も共同原理に拠って立つ処方として光を掲げた。しかし、経済主義的な体制論として教条化されてきたこれまでの社会主義が、自由な人間の共同性を十分に保障しうるものでないことは、今日「人間の顔をもった」社会主義の要求として新たな問題の前にわれわれを立たせる。ジャングルの生存競争に根をもつ人間の野獣的闘争本能が人間を互いに他に対して狼たらしめることと、それにもかかわらず社会・言語・理性を共有するがゆえにジャングルを生き抜いて人類の歴史と文明を築いてきたことと、この二つの人間性を直視するとき、共同性の把握と構築はわれわれにとって容易ならぬ問題と見えてくる。しかも今や、類的規模での共同体にも通ずるものとしての個々の共同体の形成が、個体そのものの存立のためにも要請されるのである。そしてそのことに、技術化はどう結びつく道をもちうるのであろうか。この意味で、個体と共同体の問題を根底的かつ全体的に問いなおすことは、現代の哲学的課題を総括する性質をもつといえよう。

「技術化された世界」はまた「技術の時代」と呼ばれる。そしてそれは、近代における科学の飛躍的発展に乗じた近代化の所産とその延長上のことであり、したがってそれへの批判が現代において近代をどう克服するかという課題になることは、すでにいたるところで語られている。その近代というのが、この「技術化された世界」を招来するような性格を基本においてもつものとして理解されていることも、周知の前提としてよいであろう。しかし、そのような技術化を許しうるということが、主体に関する反省の欠如のゆえに起こりえたということは、必ずしも周知の前提ではまだないであろう。近代的自我、その個体性、そして自主性・自律性・自己決定権・自己処分権（としての契約）における自由なその主体性、これが疑われることなしに前提でありえたところに近代の本質があった。各個体の現にあるがままの現存在が無条件的に肯定されて、それを前提として、その個体が主体的に自己主張のみをおこなうのである。各個体の現存在（生存）にもとづく欲望が、欲すべきものが欲しられているかどうか、欲すべきものを欲する主体でありえているかどうかの反省なしに、そのまま充足を求め、それに技術を奉仕させる。技術は効率計算を軸とする計量的悟性の産物であるから、いかなる目的であれ定められた目的に効率的に奉仕する。しかもその目的を定める欲望も、たまたま欲望として意識された欲望にすぎず、無意識に取り残された欲望は結果的には抑圧されることになる。

この単純化された例で察知されうる根本的で広汎な問題領域が、近代ではほとんど問題にされないか、根底的あるいは全体的な意義の大きさにおいて問題にされないままに、今日にいたった。なぜ問題にされずにすんだかについてはそれなりの理由が当然あるが、それは目下の直接的な問題ではない。むしろ、その理由をもふくみつつ、そうした近代的主体が欠落させてきたものを近代的意識の総体の問題として問うことが、現代哲学の問題である。それは、近代的意識においてとらえられていた理性を、何が真に理性とされるべきかとあらためて問いなおす作業でもある。理性解釈の相違が哲学の相違であり、新たな哲学は新たな理性をたずさえてのみ出現しうるし、いかなる思考も理性なしにはありえぬからである。また、新たな理性、新たな思考は、当然のことながら新たな言語を呼び出す。こんにち、言語が大きな問題となっているのは、思考と、思考する人間と、その人間によって営まれている文化のいっさいが、大きな問いの前に立たされていることの証左である。

こうした現代的課題に取り組む手がかりとなる問題が、先人の業績を通じてすでに幾つか知らされている。無意識をめぐる問題、所有をめぐる問題、感性ないし身体性をめぐる問題などがそれである。そして、それらの問題と絡みつつ要点をなすのは、このように考えてそれにもとづいて判断し行動しようとすることをふくめて人間は自己自身に対しても、他者に対しても、人間をつつむ自然の全体と個々に対しても、主宰的に管理することになる主体性を、いかなる権能によってみずからに許すのかという問題である。これは、往時の西洋では、神による負託、したがって神による創造の秩序を破ることを恐れつつ祈りにおいて神のことばに聴き従って負託にこたえる、という信仰の条理によって解決されえた事柄であった。しかし、神の死のあとでは、この決算書をどう書くかは人間と世界の生死にかかわる問題である。超越の問題、ないしは宗教性の新しい形での回復の問題が生ずるゆえんである。人間の理性がそれを聞き取る能力であってこそ理性と名づけられるにあたいするその言葉（ロゴス）、人間がそれを畏敬することによって庇護されうるような何か、そのようなものはあるのか、ないのか。あるとすればそれはいかなるものとしてあり、何と呼ぶすべをもちうるか。また、ないとすればそれはいかなる意味でないとされ、そのことからいかなる人間が生ずるか。現代の哲学は、それぞれの仕方で、こうした問いに促されて答えようと試みる。西の思考伝統の垣を越えて東の思考に学ぶことも、あるいは未開野蛮とされてきた諸民族のうちに独得の文化を見いだすことも、この試みの一環をなすものである。

I

実存と理性と気分

人間のあり方のしるしとしての気分

プロローグ

自分をも他人をも、人間ひとりひとりをそのかけがえのなさ故に大事にするんだと、大まじめで、自分自身に確かめながら長広舌をふるった男が、話のあと、質問者の熱をおびた瞳から解放されたくて、みんなみんな消えてなくなればいいと、おなじくらい大まじめで思っている。皮肉をいいたいのではない。それとこれとの事実はどういうことなんだと、それを問いたいだけなのだ。

デパートのフルーツ・パーラーの一隅の、騒々しい声音と物音のなかで、ドストイエフスキーの『おれがいま静かにコーヒーをのめるなら、全世界を十カペイカで売りとばしたっていい』という、地下生活者のせりふが実感をもつ。そのとき、放射能の塵も原子爆弾もちっとも恐怖をそそらない。人類の連帯、まるで茶番じゃないか。むこう正面のテーブルで、トンボの目玉のように頭髪を光らせたのが、上着にこぼしたらしい何かのシミをしきりにこすっている。あの男とも、人類の名のもとに腕を組まねばならぬのか。右手の席には、子供の先生の悪口をならべあいながら、そのくせ嬉しそうな顔つきで、ソフトクリームをベロベロなめまわしている中婆さんが二人。すぐ下の売場では、もうだいぶ前から取りかえ引っかえ新しい靴を足にあてがっている少女と、勝手にしろというけぶりもなく、見ている方がいらいらするくらいまめまめしく新しい靴を運んでくる女店員。あの人ともこの人とも、私は運命をひとつに結びあわせて自分を考えねばならぬなんて、ああ、いっそこの場に原子爆弾が落ちてくるがいい。

その翌日、なかば偶然に、私はほとんどおなじ時刻におなじ場所に席を占めていた。放射能の雨のことを話しながら外から入ってきたせいでもないだろうに、高声に入り乱れる人々の話し声も、顔、顔、顔も、さまざまの服装も姿態も、雑音も、いっこう気にならない。それどころか、テーブルの向かい側にならんだ若い母親とその娘の、こちら側を意識してか行儀ただしく幾分かぎこちないナイフさばきでホットケーキを切る母親も、テーブルの下で足をふりまわしている女の子のかたい靴の先が、どう位置をかえてみても私の向こう脛を三度四度こづくのも、私を微笑させ、不思議になつかしい人間的なつながりをおぼえさせる。今日は所在なげに下の売場でウィンドーの、さしてゆがんでいるとも見えぬ靴を順々にならべなおしている女店員、その及び腰も表情もよしと見え、むこうの席の四角ばった赤づらも愛嬌づいて見える。この雑然たるなかにある平安をこのままであれと思う。

昨日に変る今日、今日の親和感と昨日の違和感、それとこれとはどういうことになるのか。そのどちらかがホンモノで、どちらかがマチガイなのか。どちらかが正常でどちらかが異常だといわれねばならぬ、これはそんな種類のことなのか。あるいは、どちらかがより根源的だといわれるような関係にあることなのか。

旅館の女中さんは、なにをラチもないことをといった風情で、この問いに答えた――『それは、お客さん、あなたの御気分のせいですよ。』で、気分とはどういうことかと重ねてたずねると、「虫の居どころ」のことだと、言下に答えてくれた。それから短い時間に、私は彼女から気分についていろんなことを聞くことができた。虫の居どころがいいのとわるいのとでは、おなじ事ががらりと変って受けとられる。俄然、世界が別の様相を呈して見えるのが、気分のしわざだということ。そして、虫の居どころを決めるのは、つまり「ふさぎの虫」だの「陽気の虫」だの「癇癪の虫」だの「退屈の虫」だのいろいろあるなかで、その時その人の心にどの虫が居を占めるかは、もっぱら生理的条件にもとづくのだということ。病気だったり疲れていたり、睡眠不足だったり空腹だったりすると、きまって虫の居どころはよくない。女性固有の生理的条件が、女性のばあい、虫の居どころを決めるのにいかに決定的であるかを彼女は強調した。彼女は、気分論において完全に生理学者だった。しかし、必要なお金がなかったり不当なあしらいをうけたり、またその逆であったりする時に、それが生理的条件に忠実にうけとめられて虫の居どころを決めるとか、あるいは逆に生理的条件のしからしめる結果が不当な、または正当な待遇をも招くというように、社会的条件までふくめていっさいの物質的条件を生理的条件の土台において、しかも虫の居どころが物質的条件に影響するその辺の相互作用まで認めるとき、彼女は徹底したマルクス主義唯物論者だった。

人間であることにとって思想は何であるか。いいかえれば、思想に対して人間の主体性を守る、気分のネガティフな意味について。

実存の主張の哲学的意味は、気分の哲学といわれることを可能にするほど気分と切っても切れない関係にあるものとしての人間存在を、思想にむかってたえず突きつけるところにある。

一　理性的把握の限界性

実存は人間と呼ばれるこの存在に執着してはなれないのが身上である。死をもってすら、あるいは死においてすら自己の人間存在に執着することをあえてする逆説が成りたつほど、それほど執着する。絶対的な自己否定を通じて自己肯定に達するとか、古い人間として死んで新しい人間として復活するとか表現されるしかないような、逆理的ないし信仰的なことばが意味をもつ宗教的実存があるのは、自己の人間存在に対する実存の関心がいかに欲ふかく、その執着がいかに激しいかを示すものである。

実存が関心し執着するものは、自己と呼ばれるその人間の存在の全体であり、具体的にそのつど全体を代表する意味をもつかぎりにおける部分である。人間存在の現存在的事実はきわめて多面的で、決して枚挙されえない。その数しれぬ面をもって欲望し行動する人間の、どのひとつの面における事実が無視されても、過小視されても、あるいは過大視されても、全体としての人間存在はそこなわれ、そこでの人間存在は憂慮的関心の対象とならざるをえない。たとえば、何をいかにして食うかに関心するあまり、その一事実にとらわれて、それがその人の存在の全事実であるかのごとくであるとき、「人はパンのみにて生くるにあらず」という発言は十分に実存的である。また逆に、心の糧と称するものをあてがって、おとなしい小羊に仕立てた上で、小羊たちに粗末な食糧と窮乏の生活を強いようとする状況において、「人はその食うところのものである」と人間の物質としての存在性を唯物論において主張することも、おなじように実存的である。

問題は、土から生まれ土に帰す物質としての人間の基本的事実と、意識、なかんずく理性的意識という特別な資質をもつにいたった意識的存在としての事実との複雑な関係のなかで、生きた人間として今ここに私と意識されるこの人間を、私と呼ばれるその存在の全体性において遇するとは、ほかならぬ私がその私にいかにかかわることであるのか、これである。

しかも困ったことに、私の存在の全体性なるものは私の理解を越えているのである。これは何も私の存在にかぎったことではない。一般にひとつの全体は、その現実的具体性において理解されることは原理的に不可能なのである。理解の抽象性と現実の具体性との距離が埋まるということが原理的に不可能だからである。にもかかわらず、理解したいという欲望は、ひとつの全体としての現実存在を解剖して構成分子を数えたて吟味し、さらにそれを存在にまで再構成しようとする。単純な物質の存在の場合なら、こうした理解欲の功績により、個性ということを抜きにすれば元と同じものを再構成し、したがって新たに生産したり、さらに構成分子や構成方法の吟味によって元のものより良質のものを生みだしたりすることは、現にすでにおこなわれており、極端に先まで考えれば、私でない私とおなじ人間や、私から私より上等な、しかしもはや私ではない人間が作られるということも、ありえないことではないかもしれない。

理解欲をこのように方向づける理性は、それ自体は人間存在の重要なもちものであり、理解のはたらきがそのようになされることは、現実的な人間存在の事実である。しかし、この事実が人間存在の全事実であるとされ、理性的であることが人間的であることのすべてであるとされるとき、かつて神が理性を屈服せしめ人間を呑みつくしたように、こんどは理性が他のいっさいをみずからの足下に慴伏（しょうふく）させる神の座につき、人間にとっては神が理性に取って代わられたにすぎない結果になる。人間たる自己の守護神にむかって「理智のみが、御意（みむね）にかなうのか、情念は御意にかなわないのか」という憾みが、自己の存在の全体にかけて問いかけられるのも、そこでは当然である。

　ドイツ観念論といわれるものに典型的にあらわれた観念論が、人間と世界に関する理解の産物、すなわち理性によって構成した人間像・世界像を盾にとった思想をもって現実の人間存在に迫った態度は、その思想のなかであっぱれなものに描きだされた人間像に現実の個々の人間が即応する存在の移行がやすやすとなされるかのごとく、あるいはそう成る以外に人間存在のまったき意味はありえないかのごとく、のっぴきならぬほど現実の人間存在を観念的人間像で縛りつけるものであり、見さげられた現実の人間存在のかたわらで理想像のみ誇り高く立ち、思想にそれほどの絶対的完璧さを保証するものであった。キルケゴールが実存の主張を打ち出したのも、この状況におけることだったはずである。

二　実存的かかわりにおける主体性

　実存は、理性の構想する思想に一定の意義をみとめつつ、現実の人間存在の主体性を絶対的に確保する。主体はつねに現実の人間存在であり、現実の人間存在がふだんに自己の存在にかかわってゆく（したがって、自己に何事かを行動させ、その事をおこなう自己に、またおこった結果の自己に、現在の自己を変革してゆく）かかわりにおいて、思想の提出するものを主体的に採用し、主体的にそれに自己拘束（アンガージュ）するのである。この関係をよそにして実存はありえない。あなたにしても私にしても、めいめいの私であるところのそのかけがえのない現実の具体的個別的な人間存在、これが主体であって、これ以外の何か、たとえば情念のあこがれ求めるもの、理性の志向するもの、権力の強制するものの等々が主体化され、ないしは絶対化されて、自己の人間存在の決定者となることを実存は許さない。人も物も機構も観念も、自己の存在以外のいっさいは厳密な意味において自己にとっての他者であり、自己の存在がそれぞれの仕方において主体的にかかわるべき客体であるという性格が確保されなければならない。

　愛する者への献身においても、正しいと考える思想への忠誠においても、その行為の主体はあくまでも自己の人間存在であり、ということはそれが自由において自己によって、主体的にえらばれ、自己がそのように献身する自己あるいは忠誠をつくす自己をみずからのためにえらぶことを意味し、したがって、その献身なり忠誠なりの事実として自己がおこなう十分な、あるいは不十分な行為について、自己は献身や忠誠の対象であるものに対してよりはむしろ、それをえらんだ主体である自己に対してこそ最も厳粛な意味で責任を負う関係にある。恥ずべきことや誇るべきこと、その他もろもろも、他者に対してではなしに決定的に重い比重をもって自己自身にむけられることになるのは、この関係からおのずと出てくることであり、そこに実存の内面性がみとめられる。

実存の内面性は、権力に抗して思想を守り、そのために生命を失ったとしても、そこにその人の人間存在の主体性が生きつづけるのをみとめるとともに、私は権力に強制されて余儀なく転向しましたという人においても、その人の人間存在の主体性に関して責任を解除するものではなく、といってもちろん思想が絶対的なものでも主体でもないのであるから思想に対してではなく、みずからが正しいとするものを正しいとしとおせなかった自己の存在に対して自己が責任あることを指摘し、さらに生存が脅かされる状況において転向という行為をとおして思想に代えて生存をえらびとった事実のなかであらためて生ずる自己の人間存在の意味へと目をむけさせる。

実存はこうして、現実の人間存在が自己にいかにかかわるか、そのかかわりの主体性にのみ存する。そして思想は、実存の主体的かかわりにおけるそのつどの状況のもとでのいかにを具体的に規定する要件としてのみ意味をもつ。思想のために人間があるのではなく、人間のために思想がある。もとより、人間は無思想に自己にかかわることがある。しかし、理性をもつ人間であることにふさわしく、人間の全面性のうちに理性的存在であることがふくまれていることに誠実に、いかにかかわるかというかにを問題にするとき、それに答えるものが思想である。だから実存的関係においては、思想は人間存在がその自己にかかわりそのかかわりを通して現在の存在から新しい存在に生成するにさいしての、つまり不断の自己変革にさいしての奉仕者であり、作戦参謀である。

たしかにそれは参謀であって司令官ではない。司令官はたいていのばあい参謀の進言を採用するが、主体性を堅持して採否をみずから決する。実存と思想の関係は、まさしくこの司令官と参謀の関係に擬して考えることができる。戦史の考証に立って、多面的にとらえた状況判断にもとづいて、参謀は、とりあえずおこなわねばならぬ作戦についてできるかぎりの努力をして計画をたてる。しかし、それが完璧であるとか、無謬であるとか、絶対的であるとかの保証はどこにもない。それはただ参謀が現におかれている状況の制約のなかで、せいぜい彼自身にとってそれ以上に良い策は求められないという意味で絶対的であるにすぎない。思想も、それが現実変革の武器としての思想であるかぎり、参謀の作戦計画以上には出ない。原理において、また個々の部分については、事物の運動と連関を事実に即して忠実に捉えた思想であっても、思想の全体として、具体的行動の準拠になる処方のいちいちについて、それが客観的真理を称することは妥当ではない。妥当でないのみならず、不必要であり、不必要であるのみならず有害である。「ミネルヴァの梟は黄昏とともに飛びたつ」といわれるではないか。しかも、それさえどこまで確実かわからないにしても、精密な体系的理解のためには出来事が終わる黄昏を待たねばならぬというのに、いま実存が問題とするものは常に暁の、これから出来事を、歴史を作ろうとする場でのことであり、その場で一役買うがゆえに思想という名があたえられたもののことだからである。

客観的真理は科学における最高価値である。それだけに科学の名にかけても、このことばは慎重に遇されなければならない。かつて、神の名のもとに不確実な恣意やガラクタが宝物あつかいされて人間が迷惑した愚をくり返すのはたくさんである。客観的真理が神の代名詞となった今では、神の名によって語られることばに警戒したのと同じ警戒を、客観的真理の名によって語られることばに対してもなさざるをえない。客観的真理は絶対だから、思想が客観的真理であっては参謀が同時に司令官だということになり、実存の主体性の余地がなくなって困るからだろうと勘ぐるにも及ばない。客観的真理をそれとして大切にするが故に、認識にとどまらず行動の処方をあたえる思想というものは絶対的に真でもなければ完璧でもないことを科学そのものが教えてくれるし、司令官は参謀にそんな無理な注文をするわけでもないのである。

思想には、だから冒険があり、賭がある。実存は、百年河清を俟つものではない。河が清くなったのちに確認され客観的真理と銘うたれるものを求め、それを待って行動するのではない。理性の志向において現在より一歩ましとされるものに前進し、そのかかわりの行動において自己を、同時に世界を変革するための、さしあたりのプログラムで満足せねばならぬことを、実存はその理性によってわきまえさせられているのである。だが、思想に関してここに実存のおとし穴がある。さしあたりのプログラムという実存的には構図的に正しい表現のおとし穴である。なぜなら、そのさしあたりのプログラムが思想にとっては粒々辛苦の結晶であり、当面それ以上のものが求められないギリギリ思想の達しうるかぎりのものであり、さしあたりのプログラムなどという表現を許さぬ厳粛なものであるのに、にもかかわらず実存にとってはあくまでもさしあたりのプログラムで、明日は明日を起点として得られるプログラムに待つという身軽さがあり、その身軽さ故に、現在の時点でのプログラムの吟味、つまり思想に対する実存の気の入れかたになおざりなものが生ずる危険があるからである。

三　実存的かかわりにおける理性

実存は、人間としての自己の存在に自己が主体的にかかわるかぎり、そのかかわりにさいして、そのつど具体的に何を指針とするかを問うことは直接にはない。デモーニッシュな情念をそれと知りつつあえてそれに身をゆだねる形で自己に主体的にかかわるなら、そこにも実存はある。思想についても、いかなる思想を軸として行動しようと、自己に主体的にかかわることが実現されているかぎり実存であって、いかなる思想を軸とすべきかを規定するものが実存には直接にはない。したがって、実存の主張をなにかポジティフな内容をそなえた思想であるかのごとく思って、実存的かかわりが外観的に残した軌跡を嗅ぎまわり、類型を求めて諸思想との異同をたずねようとするならば、とんでもない場ちがいである。王政復古を期する尊皇実存主義もあれば、コミュニズムを地でゆく実存主義もあり、自由主義と結ぶものもあれば、キリスト教や仏教と重なるものもある。そうした律儀な部類のほかにも、ニヒリスト型、無頼派型、イカレ型など、ほとんどどんな思想的類型にも不自由しないはずである。

とはいえ、いかなる思想を軸として自己に、同時に世界にかかわるべきかに関して、実存はまったく頓着しないのではない。むしろ、他のすべてのことに関すると同様、実存は思想に関しても最も誠実にかかわることを、自己の問題として内面的にかかえている。ただ、それが実存主張にとって直接のかたちをとらないだけである。という意味は、思想が思想として問題になる理性の場をそれとして尊重するのが実存であり、人間存在の全面性のうちに理性的存在の面があることを忘れては実存は成りたたず、したがって実存は思想を単なる理性の限界内のものとして、しかと留めおいた上で理性そのもののはたらきにゆだね、人間存在の理性的存在面の面目にかけてもみずからの理性に真摯な努力を要求するからである。その理性が実存の主体的決断にそなえて行動の指針としてもちだす思想が、事物の発展の法則をどれだけ正確にとらえ、それを踏まえているかは、当事者が人間として自己の理性を、想像力をも射程におさめてどれだけ誠実に働かせたかにかかっている。時代おくれの科学的知識や、まとはずれの状況判断しかできていない上でのお粗末な思想に即して、自己と世界とにかかわる情景が生ずるならば、構図的に実存性はたもたれていても、理性的に自己の人間存在に誠実でなかったというかたちで自己の実存に対する裏切りがおこなわれているという言い方が可能になる。しかし、こと実存に関しては、その裏切りを責めることができるのは、自己が自己に対してのみである。一般的には、つまり人は他人に対しては、理性の場でその人の思想が誤りであり不十分であるゆえんを指摘するということになるであろう。このように、同一の事実について異なるかかわりかたがそれぞれに立てられることが正しいのは、そこでこそ場＝状況というもののもつ意味が噛みしめられてしかるべきことであり、実存と理性とがカテゴリーを異にしていることに由来するのである。

四　契機としての理性

だが、以上の記述のなかでも折にふれて示唆されているように、思想とのかかわりにおいて実存はいっそう厄介な立場を、実存であるかぎりその立場を止揚することのできないものとしてもっている。いうまでもなく、実存と理性との関係が基本的にそなえている溝があるからである。いいかえれば、理性的存在であることが人間存在の全体ではないということ、あるいは単に理性的であることが全面的な人間存在の代表選手とされるわけにはいかないこと、それゆえに単に理性的であることと実存することとの間には埋めがたい溝があるということ、ここに事柄の厄介さ、理性的に見るならば実存の頼みがたい無頼性があるのである。

現実の人間存在がその自己に主体的にかかわるところに成立する実存にあっては、理性は、複雑な全体として存在する人間存在の一契機であって、他の契機である感性と同等以上のものではない。実存的かかわりの決定権は、一方的に情念にゆだねられるわけにいかないのとまったく同様に、一方的に理智にゆだねられるわけにもいかず、常に最後的に人間存在そのものに、その存在としての自己に留保される。理性をたのみとする反省的思惟は、事の必然として理性を最高法廷とし、感性を低段階の意識として理性に従属させる哲学に通ずる。哲学史の示すところは、非合理的なものをいかに理性の体系のなかに消化していくかに哲学は方向づけられ、科学としての哲学の形成に哲学の発展を見る合理主義が主流をなし、理性に対立する形で評価される感情や情緒や信仰の尊重は、克服されるべき非合理主義としてあつかわれるのが常であった。しかし、理性がそれほど決定的にたのみにされてよい根拠、あるいはたのみにされねばならぬ根拠を、理性そのものはあたえることができないと教えるものは、感情や情緒や信仰に関してと同様、理性そのものである。合理主義が実は理性信仰の賭であることは、感情主義や情緒主義がそれぞれの信仰に賭けているのと同じである。

ところで、主義と銘うたれるものが常にそうであるように、それに根源的支配権・決定権をあたえて、首尾一貫してそれに忠実であろうとすることを、理性に関しても感情に関しても、あるいは情緒に関してもドグマ的信仰に関しても、決してあたえきりにしないのが実存である。実存が自己の人間存在の存在そのものに主体性を確保して、他の何ものに対しても、自己の存在の一契機に対してすら、絶対に主体性をゆずりわたすことがないとは、このことを意味する。

では実存が自己の人間存在にかかわるそのつどのかかわりかたを具体的に規定するものは何か。それはいかなる原理であるか。理性にとってはきわめて不満なことであろうが、原理という名で理性的把握の可能なポジティフなものとしては、それは存在しない。人間存在の内面性、誠実、愛、良心、義、神の命令、存在の呼びかけ、その他なんと名づけてみたところで、それはこれと規定して理性に客体的把握を可能にするようないかなるポジティフなものでもない。それは人間存在が自己と世界に実存的にかかわるそのかかわりの現実態においてそのつどはたらき、それとして独立して手にとられたときには、常に掌から脱けおちているようなものである。それは理性にとっては閉ざされた秘密にとどまり、せいぜい暗号的に、象徴的に、逆説的に表現され、それすらほとんど伝達効果の保障されない何ものかである。しかも人間存在の実存にとっては、そのときそれにこそ即さねば自己の存在のおさまりのつかぬ決定的なものとして受けとられるものである。

このポジティフには言表されえず原理として一般化されることのできない実存的かかわりの最高法廷を、それなりに実存は保留する。そして情念に対しても、理念に対してもそのエトヴァスを保留するところにのみ、人間存在の存在としての全体性があることを実存は確信する。私が私であって、単なる情念、単なる理念の化身ではなく、私としてまさに人間であることの意味にあえて踏みとどまるのである。人間存在とはそうしたものであり、そうであるしかなく、であるからにはそうであってよろしいと覚悟したところに実存は始まる。

理性は、理性にあらずんば感性と、原理となりうるものとしては理性と感性としか知らない。それはあたかも唯物論が、唯物論にあらずんば観念論と、唯物論と観念論という分け方しか知らないのとおなじである。そしてそれは、理性の立場に立つかぎりにおいて一応正しい。しかるに実存的かかわりにおける決断原理は単なる理性でも単なる感性でもなく自己という人間存在に直接するもので、理性的表現に定式化されることを許さぬ、理性の彼岸に立つものだといわれるとき、理性がそれを理性に属さぬが故に感性のカテゴリーのものと受けとるのは自然である。しかし、かのものは、理性が解するごとく理性の対立原理である感性であるのでもない。理性はその創造的能動性（ロゴス）の自負のゆえに、受け身のものとしての感性にもとづくもののみを情念（パトス）と称したがるが、人間存在の主体性を確保する実存的視点においては、理性も感性も存在にじかに直接する同格のものであり、存在が存在にかかわる実存的かかわりに対比すれば、対象にかかわる理性のかかわりは感性のばあいと同じく情念と呼ばれうる受け身的な直接性の性格をそなえている。さらに、実存的かかわりそのもののさえ、その決断根拠をなすものとの関係からいうならば、そのものにもとづく情念であるという言いかたが許されるであろう。

五　存在全体のしるしとしての気分

それはともかく、実存的かかわりの決断根拠は、それ自体理性でも感性でもないとともに、反理性でも反感性でもなく、理性・感性を越えたものとして、そのつど理性にも感性にも自由にかかわる。しかし、その決断根拠がおよそ理解を絶し言表不可能なものでありながら、しかも理性に対しても感性に対しても、それらが単一の原理であろうとすることを封じ、それらが一なる決断原理として絶対的なものであろうとすることを自己抑制せしめ、不断にそれらがみずからの限界の外に絶対的なものを保留することは、いかなる理由により、いかにして可能になることなのであろうか。その保留をなすことに理性が同意することは、いかにして可能であるのか。

決断根拠はたしかに理性の目からすれば、非合理的なものであり、それにもとづいてなされる実存的かかわりは不条理であり、無根拠である。にもかかわらず、その不条理・無根拠な実存的かかわりに保留をおくことを理性に余儀なくさせるだけの、いったい何があれば、実存的かかわりは哲学の場でそれを主張する意味をもつのか。この答えをなすものが「気分」である。人間存在が瞬時もそれをはなれてはありえぬものとして、たえず伴い、たえずそれに包まれ浸されて存在するところの、気分というものである。人間存在を抽象的な本質として理性の前におくことは、哲学がつねにおこなってきたことである。しかし人間存在を個のいのちにかけた具体性において、生身の現実存在として理性の前におくことを、思想性にまで高めた場所で哲学の問題としたことに、実存の哲学の意味はあった。そして、そのとき実存の主張は、気分というものに理性を正当に着目させることによってそれをおこなったのである。だから、そのばあい気分は、現実の人間存在の個性的全体性のしるしとしてとりあつかわれている。気分というものが実存の主張においてとりあつかわれるときは常にこの意味においてであり、実存の主張が気分に重大な関心を寄せるのは気分にこの意味があるからである。

気分を現実に人間であることの全体のしるしとして実存的関心においてとりあつかうことは、キルケゴール以来しばしば見られる。キルケゴールは現実の人間存在としての彼自身を憂鬱と不安の気分において意識した。ハイデガーにおいては不安、サルトル的実存においては嘔き気が、人間存在の現実の意識に伴う気分であった。なにゆえの憂鬱か、なにゆえの不安か、なにゆえの嘔き気か知る由もないのは、どこからいかにして意識が生ずるのか知る由もないのと同様であり、存在の事実として意識が生ずるとともにそれらの気分がある。あるいはむしろ、それらの気分において意識が、存在の意識が生ずる。人間存在が意識的存在であることから、それらの気分が意識と存在との関係にかかわるものであるということについて、われわれはキルケゴールからも、サルトルからも、またハイデガーからも、多くのことを聞くことができる。そして、感性の絶対化における憂鬱、理性（倫理・宗教性）の絶対化における不安、というキルケゴール的論議から、感性・理性をひっくるめて意識がたえず無を分泌するというサルトル的理解までに、存在と気分について思索が深化されたのを見ることもできる。

もっとも、実存においてとりあつかわれる気分が憂鬱・不安・嘔き気など「抑圧された」と表現される気分であるのは偶然ではない。現実の人間存在が、結局は死に終わる途上で、時間のなかで不断に「どこからどこへ」が不明なままに決断し行動すべく迫られている危機的状況にあり、それが現実的存在の事実だからである。人間存在の自覚的かかわりをふくめて、たえず生成変化する過程にあるのが全存在の事実であるとき、存在の現在は当然危機的であり、その存在の伴う気分が危機的であるのは自然ではないか。「高揚された気分」というのが愉悦や安心や満足を指すのであれば、それはもはや実存をあえて主張する必要のない場での気分であり、人間存在の現在において自己が自己にかかわる実存的かかわりにさいして志向される筋合のもので、それを存在の現在に関していうのは可能性の先取である。いったい、喜びや安心や満足がその人の存在に伴う現在の気分であるとき、彼は何をことさらに自己のために配慮し、自己にかかわることを必要とするだろうか。この点については、実存の主張において気分が語られるのは現存在についてであることが想起されるべきである。

六　ネガティオンとしての気分

これまで、理性にもとづく思想に対して現実の人間存在の主体性が最後的決断をみずからの手に保留する権利をあきらかにし、そのばあいの権利根拠としての存在の全体性の証人の役を気分が演じていることが指摘されたわけであるが、ここで気分がどのように証人の役を演じているのか、という問題に注目する必要があるだろう。そのためにはまず、実存的とりあつかいにおいて気分がもつ特別の意味は、心理学的気分論においてはまったく失われるということが確認されていなければならない。気分は理性の土俵で理性的に解剖され分析されるべきものではなくて、人間存在の全体のしるしとして、理性や理性にもとづく思想が、それを土台として発現もし、意味や価値もあたえられていることをあらためて想起し、そこにおいて悪びれることなく揺すぶられ、その意味を疑われ、歪みはないか無ではないかと怪しまれるべきものである。いいかえれば、思想のもちだすポジティフなものに対して、気分は人間であることの全面的意味を背負うしるしとして思想そのものを相対的次元にもたらすネガティフなかかわりかたをすることを通じて、ネガティィオンとして立つものであり、気分が思想に対してもつ意義はニヒリズムだということができる。しかも、気分によるこの否定の契機があってこそ、思想はたえず、人間存在に対して正常な関係を回復し、創造する思想として人間の自己変革、同時に世界の変革に寄与するであろう。人間存在のしるしとしての気分がこのようにネガティフなかたちでかかわることは、ソクラテスにおけるダイモニオンの声が常に制止の形でのみ聞かれたことを想起させる。また、ポジティフな思想に対して気分を通じて人間存在がこのようなかかわりかたをすることの意義を強調確保しようとする実存の主張そのものが、ニヒリズムの性格をバックボーンとしていることを重大視する必要がある。真理とは人間においてそもそも何であるか。正義とは人間において何であるか。なぜ人間において尊ばれるものが真理であって非真理でないのか。不義でなしに正義に価値をおく根拠はどこにあるのか。これらニーチェ的問題提起が実存の場でおこる。もちろん、その根拠は理性ではありえない。理性が尊ばれて情念がおなじくらい尊ばれてはならぬことの根拠、さらには何かが尊ばれて何かが尊ばれないことの意味の根拠が、ここでは問われるからだ。

むろん、ニヒリズムそのものは、ニーチェの思想そのものにおいても、また視点をかえて二十世紀ヨーロッパの文化的政治的風土に着目するならばなおさらのこと、多義的なものとしてあらわれており、ニヒリズムそのものが、ここでいうポジティフな思想と合体することも見られなくはない。しかし、気分のネガティオンは文字どおり否定性であって、それは理性の射程距離をはるか遠く、しかも深く越えてすすみ、理性の判断・審判に依拠することなく、ということはまた理性の側からすれば何ゆえということを知るよしもなく、否定の能力を発揮するものである。不安や嘔き気の気分は、理性の律する世界というものを、その根源において破壊するものとして、世界そのものの全面的否定という否定性の役割をになうと同時に、この否定性はその方向を、その理性において世界を律するもの、つまり理性的人間（ホモ・サピエンス）そのものにもむけている。これはまた、気分による世界の開示の仕方が、理性的に構成された世界の解除でもあるということを意味する。そしてこのばあい、いずれにおいても、確たる理由づけのないことが特徴であって、まさに気分と理性とはさしずめ音信不通の状態にある。

サルトルの哲学的小説『嘔き気』の主人公ロカンタンが〈日記〉の第一ページに記した内容は右の事情を端的に示すものとして有意義であろう。「何かが私のうちに起こった。もう疑う余地がない。それは普通の確信とか明白な証拠とかいったもののようにではなく、病気のような具合にやってきたのである。そいつは少しずつ、陰険に私のうちに根を下ろした。私は自分が少し変で、わだかまりのあるような気分なのを感じた。ただそれだけである、そいつはいちど私の心の中に入りこむと、静かにしていて、もう動こうともしなかった。そこで私は自分に言いきかせることができた。――自分はどうもしていない。つまらぬ思い過ごしだと。しかしいまそれが花を開いた〔明確な姿をあらわした〕」（白井浩司訳より）。――これはむろんロカンタンが「嘔き気」という気分にとらわれるときの描写である。ロカンタンの「嘔き気」がその後どのような否定性を発揮するか、そのいちいちをここで追う必要はあるまい。ただ、理性的なものはそれが気がついたときには根こそぎ浸蝕されているという事態が生じたことを確認事項としておきさえすれば、ここでの気分の否定性の意味づけの作業にとっては十分である。「嘔き気」という気分は、理性によって構成された世界の部分的解除や部分的再構成にあずかるものではなく、その否定性は全面的であって、世界そのものの新たな生誕にかかわるものである。

全面的な否定と全面的な開示とは同根源的である。ハイデガーはこれと同じことがらを『存在と時間』（細谷貞雄訳より）のなかで慎重な表現をとって次のように述べている。「気分のなかで開示されたものを知ろうとして、それぞれの気持ち〔気分〕をもっている現存在が『同時に』そのとき知っていること、理解していること、信じていることなどを参照しようとする人は、気分がいったい何をどのように開示するものかということを、現象的にまったく見そこなっているのである。現存在が信仰の立場で自分の『どこへ』について『確信』をもっていたり、あるいは合理的啓蒙に従って『どこから』についての知識をもっていると思っている場合にも、気分が現存在をおのれの現〔Da〕の事実の前へ連れだし、この事実が仮借ない謎の姿で彼を凝視しているというような現象的事態に臨めば、それらの信仰や知識ではどうにもならなくなる。」「気分は世界＝内＝存在をいつもすでに全体として開示しており、そしてそれがはじめて《……へ視を向ける》という指向性〔志向性〕を可能にするのである。ある気持ち〔気分〕でいることは、まずなにか心的なものへ関わり合うことではないし、それ自身としてなにか内面の状態で、それがふしぎにも外までとどいて外界の事物や人間をその色で染める、というようなものではない。」

ここには、世界は構成されるという表現が無意味におちいるほどの、世界の開示をつかさどるものとしての気分が十分に位置づけられている。しかし、ひるがえって、現に生きているこの人間存在にとっては、右の引用文のなかの《現存在》において生じた気分の否定性は具体的にどのようなあらわれ方をするのか。実存は存在論における現存在と無縁ではないが、しかしそれは存在論の内部でのみ受けとめられるべきものではない。実存があくまでも私という具体的存在であるということは、決して忘れられてはならないのである。

七　日常性の破れ

気分の否定性は、具体的な実存においては「日常性の破れ」というあらわれ方において現象する。それは一般的にいえば、親しまれた世界のなかに疎ましい世界が闖入することを意味する。つまり実存としての人間存在と、日常という状況性とが応答関係を失う事態の発生である。むろん、その失い方にも、個々の実存において無限の多様性が存在するであろうが、応答関係を媒介する「意味」というものがその関係の谷間に姿を消すことは共通点として指摘できるであろう。実存の日常性はこの意味の世界に包まれている。したがって、日常性の破れとはまず媒介としての意味の喪失につながっているのである。

意味の喪失が実存に決定的な打撃を与えることを知りぬいていたのはナチである。ナチの強制収容所は意味の剥奪を人為的にもくろみ、人間を意味の外へ、つまり日常性の外部へ連れ出す実験に集中した。H・ルフェーブルの『日常生活批判序説』（田中仁彦訳より）から、その模様をみてみよう。

「いつもこんなふうだった。それぞれの間に何の対応関係もなかった。ヒトラーのサディズムの一つの面は、事物から意味を奪い去り、犠牲者を支離滅裂な世界で生活させることである。……このような観点からすれば、強制収容所への旅はまさにその傑作である。終日続けられる果てしのない点呼、決して転送されることのないであろう荷物の入念な荷作り、国境に近くなるにしたがって、野卑な乱暴なものとなるところの親衛隊員たちの気味悪い鄭重さ……食糧は支給しても飲料はない。厚着を命じておきながら、ノイブルクへ着くと脱衣させ、ある車輌では全裸になるよう命じ、ある車輌では全裸にしない……」（ピエール・クールタード『行動』一九四五年四月二十五日）。「強制収容所の組織を動かしていたのは十分に成熟し自覚された一つの観念であった……　われわれの中にある人間的尊厳を下落させ辱かしめ、われわれの中の人間性の一切の痕跡を消し去り、われわれにわれわれ自身に対する恐怖と嫌悪を吹き込もうとかれらは望んでいたのだ……　それがかれらの目的であり、観念であった……　最初投げやりと見えたものは邪悪さによるものであった。無秩序という印象を与えたものは、あらかじめ計算されたものであり、無知と見えたものは、巧妙に仕組んだものであった。強制収容所の組織の中には、ドイツ的正確さの才能とヒトラー主義の絶対的凶暴のすべてが集められていた……。」

人為的に無秩序の体系化をおこなうことによって人間に断念させようとしたものは、いうまでもなく「なぜ」という問いそのものである。気分による日常性の破れも、この「なぜ」を封じている点で、グロテスクな否定性を発揮する。もっとも、日常性の破れのほうは、日常性に破れが生じることで実存にあらたな世界の意味をとりとめさせるという意義をもつが、ヒトラー主義の「観念」は徹底した錯乱状態に人間をおとし入れることを目ざすものである。気分に世界の開示性の機能を失わせることが、ヒトラー主義のねらいであったといってもよいし、この点、これまで述べられてきた日常性の破れとしての気分の否定性とは一線を画されるべきものである。ヒトラー主義の犠牲者たちは、たとえば「……次にシャワーへ案内される。熱いシャワーに清潔なタオル、まさに蘇生の思いである。それから突然棒で小突かれる。次はとめどもなく笑わせられる。ついに気が狂ったように笑わせられるにいたるのである。」これは気分からあらゆる能力を剥奪する行為であって、これに比べると「気分の否定性」は、きわめてポジティフである。それゆえ気分そのものの有意義性を積極的に特徴づけるためには、同じ強制収容所という不幸な事例に注目するにしてもその他の側面に注目する方がむしろ有効であるかもしれない。ルフェーブルの描写とは逆に、強制収容所から人々が「解放される」ときの描写をフランクルの『夜と霧』（霜山徳爾訳より）から引用してみよう。

「疲れた足取りで仲間達は収容所の門の方へよろめいて行った。——足が殆んどいうことをきかないのである。彼等はおずおずとあたりを見廻し、問いたげにお互いの目を見合わせるのであった。それから彼等は収容所の門を通って最初のおどおどした一歩を踏み出すのであった。……人々はさらによろめいて行った。人々は収容所の周囲を初めて——あるいは自由人として初めて——見ようと欲したのである。このように人々は自然の中へ、また自由の中へと出て行ったのである。……やがて人々はある牧場にやってきた。そして咲き乱れている花を見るのである。これらのことは知識としては判るのであるが……まだ感情は伴わないのである。綺麗な色の尾をもった一羽の鶏を見た時、初めて小さな喜びの火花がとんだ。しかしそれは一瞬の火花だけであった。まだ人々はこの世に参与していないのである。それからあるカスタニエンの樹の下の小さなベンチに腰をおろす、ところがどうしたことかその顔には何の表情も現われないのである。……結局まだ世界は何の印象も与えないのである。」

この世に参与すること、世界から印象を与えられること、これが気分のポジティフな側面であり、そのネガティフな側面も、これと対応するかぎりでのネガティオンである。この世への参与の既成事実、また世界への既成の印象づけという意味での日常性の事実に破れが生ずる事態にかぎって気分の否定性が積極的な意味をもつのである。実存と状況性（世界性）との媒介の役目をになう「意味」は、実存の世界への参与の事実性、あるいはその世界についての印象そのもののなかにすでに含まれており、理性によってこれとして取り出せるものでない。理性によって取り出せる意味は、むしろ第二次的な意味であり、理性的に意味付与された意味である。気分のネガティオンの全面性は、第一次的な意味についてのものであって、したがってまた理由なきネガティオンのはたらきをもすることができるのである。

気分の了解するものと、理性の理解するものとの間には、常に歪みが生じる。理性の追究しないものが、気分のなかで了解される。したがって、日常性の破れとは、それを迎える理性にとっては、気分によって理性の理解に新たな課題が突きつけられた事態といってもよいであろう。理性の理解したことがらを、気分のなかで了解されたものとの違和に照らして理性それ自身のなかで再認識させ、気分的了解を可知性にもたらすよう理性に訴えるのが、そのばあいの気分のはたらきである。これはまた、意味付与された意味の再検討にも通ずるであろう。しかし、日常性とともに成立している、というよりも日常性に付着している意味は、理性の再検討の余地なきものであって、その意味の凋落また剥離の瞬間には、事は理性の手をすべりおちて、実存を突然襲うものである。そこでは、実存には能動性の余裕は与えられない。実存は文字どおり何ものかによって襲われたという自覚に突きおとされるのである。

この自覚は理性のはたらきそのものに否定的に反映されないではいない。たとえば、日常性というものを単に過去のもの、既往のものとしてのみ見るならば、それが破れ、挫折・頓挫した時点で、悲観と楽観の二通りの対応と、それにともなうそれぞれの気分で事はすむであろうが、しかしその日常性の破れの経験がもつ意味には、時間的な過去―現在―未来という理性的な展開相における否定・肯定の関係だけでなく、それと重なりながら、時間的な展開相全体に対して否定・肯定の関係をもつ超越性の開示がふくまれている。まさに、気分のネガティオンとは、この乗り越えそのものである。

理性的なネガティィオン、つまり理論的否定は、あくまでも理性の射程距離のワク内の問題であって、理論の拡大・縮小その他のことにかかわっても、理性の超越そのものには関係しない。気分のネガティィオンは、むしろ、理性的な「否定・肯定」を超越するという意味でネガティィオンである。日常性における意味連関は理由なくして消えうせ、裸の自己と裸の事物が対応関係のないままに表面にうかび上がってくる。もはや理性の把握形式では律しきることのできない世界の相が、個々の具体的な事物にも反映されて、それらが没意味のままに現出する。日常性における超越とは、喪失と同義的であり、それがネガティィオンたるゆえんである。そしてそれゆえに、「日常性の破れ」の意味の気分は、限界状況における人間存在への導きの糸であり、したがって宗教的信仰への跳躍台ともなりうるのである。

八　気分の訴えるもの

「ハムレットがおわかりか、彼を狂気にさせたのは疑惑ではない、確実さである」とはニーチェのことばであるが、日常性の破れの体験はこの確実さをそなえている。それはまさにサルトルにおいて「疑う余地」なく「普通の確信とか明白な証拠とかいったもののようにではなく、病気のような具合にやってきた」ものと同一の現われ方をする。理性的な内面性の道具だてがいっさい役だたずの状態で、実存はこの破れに襲われるのであり、その体験においては事物が意味のベールを脱いで、その独自の具体性を主張する。そこでは、この嘔吐にもあたいする事物の具体性の相貌が、与えられている唯一の確実なものであり、理性の内面性は、あの強制収容所の犠牲者たちが体験したと同じ支離滅裂の暗い霧のなかに迷い込んでいる。手ごたえはデカルト的な「我あり」の自己の存在のみである。そして、その自己の存在そのものさえがやはり嘔き気を催させるものなのである。

日常性の破れは、理性的なものの超越としてネガティオンであると同時に、事物をその抽象性から奪いかえしその具体性において事物と交渉する契機をふくんでいる。その際、具体的な事物から交渉をいどまれるのは、これまたもはや意味というものがそこへと収斂されていたところの理性的な自己ではなく、その能力を放棄した「自己」である。この自己はむろん理性を全面的に喪失したものではない。これまでなじむことのなかった事物の新たな具体性に直面して、理性そのものの脱皮が試行錯誤的にいとなまれていること、そのこと以外の何ものでもない自己である。事物そのものの脱皮が、理性の脱皮を必然的に伴うのであって、理性に不動で一定の状態をあてがうことは虚妄であろう。気分のネガティオンはこの虚妄への拒否（ナイン）である。それは理性に謙虚であるべきことを訴える拒否（ナイン）であり、また告訴でもある。訴えが同時に告訴でもあるのが理性に対する気分の関係である。

おどおどと強制収容所の門を出た犠牲者たちは、まだ世界から印象を受けとっておらず、したがってまた世界へ参与していない。文字どおり強制的な生活（非日常という日常性）に自己拘束させられていた状態から自由へと解放された彼らのおどおどした足どりは、同時に気分そのものの拘束力の強烈さをも物語っている。事物から意味を奪い去るということは、人間から人間についての意味を剥奪することと表裏一体であり、それの極限状況はいっさいの理性的なものの放棄としての狂気である。彼にとって確実なものは今では狂気という気分であり、そこがまた自己拘束の唯一の場となっている。

ハイデガー流にいえば、自己を包み隠す場所、つまり自己が安堵感をもって、住むことのできる場所がそれである。気分のこの隠蔽性の側面はあらためて指摘されるまでもないであろう。強制収容所から出所する犠牲者たちの足どりと無表情が、それを何よりも雄弁に物語っているからである。足どりのたどたどしさは、単に肉体の、とりわけ脚の疾病・衰弱のためばかりではあるまい。それはあきらかに「おどおど」しなければならないその理由の反映でもあるだろう。理性がもはやそのことについて「明白な証拠」をあげることができない地点での「おどおど」であり「たどたどしさ」である。強制収容所においては理性もまた十分に犠牲者である。「おどおど」や「たどたどしさ」の理由のなかには、この点についての理解も添加される必要があるだろう。自由の状況において出会われたもろもろの具体的なものの意味がいずれ気分によって了解されたとしても、理性による、また理性に対する気分自身の可知性の試練が、この気分には長く閉ざされたままであるだろう。サルトルの嘔き気の気分がやがて『存在と無』や『弁証法的理性批判』において可知性にもたらされ、その成果そのものがまた逆にこれらの著作に影響を与えているように、本来、気分と理性とは創造的な相互関係の上に成り立っている。この関係なくしては、気分もまたむなしいのである。

この関係の重要性はなにも強制収容所の犠牲者たちにとくに注目するがゆえに重要性として把握されるものではない。この犠牲者たちに関して導き出される典型的な例がこの重要性の唯一の保証でないことは、例えばヘーゲルに注目することでも明らかとなるであろう。ヘーゲルは『小論理学』のなかで、「われわれは有限なもののうちでは、目的の真の達成を体験することも、みることもできない。したがって無限の目的は、それがまだ達成されていないかのような錯覚を除きさえすれば、達成されるのである。善、絶対の善は世界において永遠に自己を実現しつつあり、したがってそれはすでに即自的かつ対自的に達成されていて、われわれを待つ必要はないのである」（岩波文庫・松村一人訳より）という。ヘーゲルにとっては、理念＝絶対者という大前提に立っているがゆえに「われわれを待つ必要はない」のであるが、それにしても、このわれわれに錯覚の除去を要請したうえで成り立つ「論理学」の論理性は、いわば一種の気分転換にも意義をみとめ、その位置をおのれのなかにもっている論理性であるといえるであろう。気分と理性との相互関係の重要性は、これによってただその消極的な保証を与えられているにすぎないことはいうまでもない。特殊な論理学において特殊な保証のされ方をしたことが、決して十分な保証の名にあたいしないのはあたりまえである。その保証の内実は、ヘーゲルにしてすらが、という枠内でのことである。ヘーゲルの論理展開における前提と目的とを十分意識したうえでの気分転換は、本来のそれとは言いがたいであろう。しかし、錯覚の除去という気分転換は、たとえ理念の王国内ではささやかな事件であるにしても、気分と理性との関係内では大事件である。論理学の名において、気分が理性を謙虚ならしめ、そして自己の回復を得ることはけだし必至であるからである。

ヘーゲルの論理学はきわめて象徴的である。いっさいの存在と運動を総合的体系において統一的に理解することは、古来、哲学の悲願であった。理性によってオーソライズするしか手段のない哲学としては、悟性的認識の発展が区別したものを総合的にとらえるために、そのつど理性を拡張解釈したり新たな定義づけをすることによって包括的なものに仕立てていった。感性をも悟性をも理性にアウフヘーベンし、キリスト教信仰の内容をまで精神の名のもとに理性に包括したヘーゲルの観念論的な理性の体系は典型的だが、これはヘーゲルに限ったことではない。カントも、その他の誰彼もみな独自の理性定義により、あとうかぎりの包括的体系を志した。いま実存の主張がここに述べたごとき形で、理性とそれにもとづく思想にネガティフにかかわり、それによって人間存在の格別の意義を保持しようとするとき、その人間存在の実在的意義を理解し、かつ存在の創造性にかかわるまでの能力をもつものとして理性を拡張解釈する、あるいはそのような理性を新たに構想する試みが、体系的哲学者の要求として出現する。ヤスパースの「理性」は、この野心を課された理性である。しかし、区別を峻厳に立てることによってあらゆる関係を生動的ならしめることを期したキルケゴールのねらいは、実存の主張がニヒリズムとしての役割を果たす意味が失われない状況がつづくかぎり、基本的正しさをもちつづけるであろう。ただし「生の哲学」が反理性的に走り「力」を原点として志向する傾向をもったのにくらべれば、「実存の哲学」は人間存在がその主体性を確保しつつ主体的に理性および理性によって立つ思想に出会いなおそうとするところに特徴をもっている。その出会いが「ただたどしい」足どりでおこなわれなければならないとしても、それは気分のせいではなく、実存そのものの問題的性格に負っているのである。気分と理性、そこにも常に弁証法が存在し、これが行為による究明を、人間に要請しているのである。

Ⅱ　生と知の主体への問い

一　実存と現実性

「問い」が生命である

すでに実存哲学とか実存主義とか呼ばれるものについて言いたてられるようになってからずいぶん時もたつし、またこれに関する書物もよもやまにあるので、ここでは実存を重んじる立場について、その幾つかの点に焦点を合わせながら、私の考えていることを少々わがままに話してみようと思う。

実存 **Existenz** という言葉で或る哲学的な内容をもつ特徴的な人間理解をいいあらわそうとする動向が、現代思想として登場するのは第一次世界大戦後、思想界でいわば市民権を得たのは第二次大戦後、そして直接の端緒についたとされるキルケゴールの時代からかぞえても百年あまりだから、決して古いことではない。しかし、万事が急テンポで変遷し、流行り廃り(はやりすたり)のはげしい今の御時世では、実存という言葉もすでに古めかしくひびく。少なくとも、それが言い出された当初の鮮度をもはやもってはいない。流行が思想の場合にも軽薄だということはあるにしても、問題意識を軽薄にしか受けとめさせえないという、実存思想を主張する側の責任もまぬがれるべくもない。この思想の核をなすものが、ソクラテスの「魂の気づかい」以来、思想の歴史に絶えることのない伝統をもつにもかかわらず、「実存」という新しい呼称と、それにふさわしい新しい視座を提起することによって、現代人にのっぴきならぬ思想的衝迫をもたらし、共鳴を呼びおこすことができた事実に相応するものを、今この思想はあらためて新鮮な視座においてわがものとすべき課題を負うているように思われる。

確かに実存思想について多くのことがすでに語られている。この思想の核をなす「主体に関する問いかけ」についても、それに関連する周辺的な事柄についても、あまたの論説がある。だが、核について言われることも、その多くは同じことの蒸し返し、あるいはせいぜい少しばかり目先をかえたアプローチを示すにとどまるものであった。「問い」が生命であるところで、その問いを答えとして説明しようとする矛盾のしからしめるものといえよう。説明には、問いにうながす迫力のあろうはずがないからである。周辺的な事柄の論議は、核を肉づけする意味でも、核の位相を画定するためにも、説明と理解とのためには有用であるが、それ以上ではない。それどころか、これによって得られる知識は、むしろ実存することの障害にさえなる。こうした多くの論議をかかえこんで、実存哲学や実存主義は他の思想とはおもむきを異にしながらも、特徴的な用語と概念とでその思想としての形態を整えるにいたった。いわば体系化が行なわれて、こうした講座や講義で語る段になれば、何時間でも語ることができ、何巻もの書物に盛りこむことができるだけの、豊富な知識内容をそなえるにいたった。だが、実存に関しては、そのすべてがむなしいという感をまぬがれない。だいたい、実存について何かを言葉で語るということが可能なのかどうか、可能とすればいかにして可能かという問題が基本にあり、語れば語るほど実存そのものから遠ざかるという憾みがどうしても残るのである。また、語られた言葉を通じて何事かを知ることも、それ自体はあくまでも実存については無縁なことにすぎない。したがって、この基本問題を忘れず、この憾みを少しでも少なく語るためには、さしあたり次の二点を念頭において語るしかないだろう。第一は、実存は常に過程にあり、その完了は死にほかならないから、それについて語ることも常に動態においてなされなければならないし、完了態としての静態において客観的認識内容について語るときのようなわけにはいかないということである。第二には、実存とは人間各自がそれぞれ自由において主体的に決断してそのあり方を選びとることにかかわるから、各人自身の問題であり、それに対して他人は何を為しうるか、為しうることは当人が自己を生み、実存と成ることを助成するソクラテス的産婆術につきるであろうということである。第一、第二、ともに一言でいえば実存が「生成」に格別の重きをおいた人間存在の現実把握にかかわるものであることにもとづく。当然、それはケース・バイ・ケースにならざるをえない。ところが、いま私は大勢の諸君の前で、対話でもなく、一方的に、一般的に話す立場にある。そして諸君はおそらく知識を求めてここに来ている。この場が求めるのは、間接話法ではなく直接話法である。これだけ前置きしておけば、これから私が話すことがどんなにおぼつかないものであろうと憾みは少ないであろうし、その限りで語りうるものに挑戦する楽しみさえ私自身おぼえることができそうである。

現実的存在をめぐって

周知のとおり、実存というのは現実的な存在、特に人間存在に関しての現実的存在を簡略にした表現なのだが、考えてみると、実存思想に限らず一九世紀以来、現代思想といわれる主な潮流のほとんどすべてが、現実性あるいは現実的存在を重んずるという点では基本的な共通性をもっており、その点がそれ以前の時代とちがう発想上の特徴をなしていると思われる。マルクス主義もそうだし、プラグマティズムもそうである。いずれも、本質や本質存在に優位を置くようなかつての観念的な考え方から脱却して、現実や現実存在を重んずる傾向を基本にしている。これはヘーゲルにおいていちじるしい現象であって、或る意味では、つまり思想の歴史のなかでしばしば交替して登場してはそれぞれに時代的役割を果たす二つの流れ、すなわちプラトン主義とアリストテレス主義という図式から考えると、アリストテレス主義の近代的回帰形態というふうに見ることもできそうな現象なのだが、この現象はヘーゲル以後、ヘーゲルを批判的に継承した諸思想としての現代思想においてさらにいっそういちじるしい。

けれども、一口に現実だ、現実性だ、現実的存在だといっても、何が果たして現実的なのかという現実性の理解をめぐって、いろいろと違った理解が出てくる。人間的な現実というけれども、何がいったい人間的な現実なのか、この解釈を異にするところにそれぞれの思想の特質があり、その思想の課題と内容も規定されてくる。Existenz（実存）という言い方で人間の現実的存在を問題にしようとするとき、それとは異なる意味でやはり現実的存在とされるものをDasein（現存あるいは現存在）と呼んで、それとこれとの対比のうちで実存の概念を明らかにしようとする説明の工夫が立てられるのは、またそういう説明の仕方がありうるのは、このことに由来する。そして、実存の立場からすると、マルクス主義、プラグマティズムその他の思想は総じて現存あるいは現存在という意味での現実的存在の取りあつかいに終始しているということになる。確かにポジティブな物象的存在としての限りでは、人間の現実的存在も他の諸動物や草や木や石の存在現象と同格の現存在であり、およそ現存在を制約する必然性の法則のもとに立っている。唯物論が、また全体としての自然概念が、人間を包括しうる、そして包括してしかるべき理由もそこにある。しかし、それにもかかわらず、ということは現存在として必然性に制約されながらということであるが、人間の現実はそうした現存在としてのあり方につきるものではない。つまり、他の動植物などと異なる人間の人間らしさを実現していると いう意味での人間の現実は、そうしたみずからの現存在としてのあり方に対して否定をふくめて自由に、主体的にかかわるもう一つのあり方が発現していることである。実存とは現存在と異なるこのあり方をいうのであり、そのつどの現象的事実としての現存在の姿は、実存にあっては、その自由における主体的なかかわりの歩みの道程での足跡のいちいちを意味するものとなる。実存思想において、自由と主体性がキーワードとなるゆえんである。

もちろん、このことは人間が高度に発達した脳髄をもつ動物であり、特有の自己意識をもつ反省的動物であるという人間の現存在的事実と無関係なことではない。しかし、現身の生命に対して永遠の生命を構想する例に見られるごとく、あるいは義に殉じ情に殉ずることがありうるごとく、現存在の必然を超えてみずから自由に立てた価値にもとづく生き方・あり方を実現することが人間にはできる。そして、そういうあり方の成就のうちに人間の栄光を、そういうあり方の挫折のうちに人間の悲惨を、そしてそういうあり方とまったく無縁な現存在としてのあり方に終始することのうちに非人間的な単なる動物を見ることを、ひとは否まないだろう。しかも、現存在の次元で一元的に現実的存在を取りあつかう諸思想は、少なくともこれまでのところ右のことに含まれる人間的現実に対する理解をその理論のうちに十分に位置づけてはいない。唯物論も、そこまで豊かにはまだなりえていない。人間を全体として性格づけるこの枢要な人間的現実における自由の意義が、現存在的現実一般の必然の論理のうちに埋没する気運のなかで、実存思想は人間とは何かと改めてみずからに問い、かつみずから答える試みとして、人間自身のいとなみに人間の顔をもたせるべく呼びかけることに、みずからの思想的使命を見いだしえたものだといえるだろう。それにしても、実存は現存在としての現象を離れては成り立たない。動物の一種として生命をもつ物象的存在であるという人間的現存在が、実存の舞台と姿のすべてである。実存は自由だからそれとしての定形をもたない。姿や形をとってあらわれる限りは、必ず何らかの現存在となる。実存のこの内面性をその限りで論ずることは抽象性を免れない。その内面性は、実はそのつど具体的な姿と形をもつ関係として進行する。あり方は、そのつど個々のありさまをもってのみ呈示され、実存のあり方は或るありさまの現存在から別のありさまの現存在への自由における、主体的な、したがって自己の責任における移行として示される。「欲する善は為さず、欲せざる悪は為すなり」(「ロマ書」七の一九)であれば、その心の熱しぶりとその肉体の弱さぶりを反映したありさまの現存在の現成となって、その実存が示される。このように実存が現存在を場としてのみ実現される事情を積極的に理論においてあつかったのが、サルトル(J.-P. Sartre, 1905～1980)の功績にされてよいことであるが、この事情に注目すれば、実存的自由と現存在的必然、主体的決断と客観的認識との関係は、いまだ十分に妥当には整理されていない位置づけを含めて、現実的存在についてのいっそう豊かな全体的な理解に向かわせるだろう。それに寄与しうるかどうか、少なくとも示唆するものはあろうと思うので、次のことを考えてみたい。

ネガティブな思想としての実存

思想にはポジティブな思想とネガティブな思想とがあると考えられる。この区別を根本において立てておくことが紛糾を解きほぐす鍵になるのではないか。また、個々の思想のなかで取りあつかわれる概念のそれぞれについても、同じようにポジティブなものとネガティブなものを区別しておくことが必要だと思われる。positiv（ポジティブ）—negativ（ネガティブ）という対比は、日本語で一語にしにくい多様な意味をそれぞれの局面で発揮するような、深い所に根をもつ伝統的な語法だが、その根をひとまず陽と陰ということで考えてもいいかと思う。つまり、陽のものであれば、それを目で見、あるいは手にとることができる。外的な形態をもち、その像を思い描くことができるから、客観的な対象となりうるし、その意味で実定的・実証的・肯定的・積極的などといわれることができる。しかし陰のものは、そのものとしては隠れていて、見ることも手にとることもできない。いわば陽となって外に顕示されるものの背後に内密のあり方であってこそ陰である。その意味でこれは非実証的で、否定的・消極的で、それとしては一定の形象に表象されえないものである。（このことから一般に個体概念はポジティブで類概念はネガティブだということが言われうるし、前者がそうであるような具体的なもの＝ポジティブなもの、後者がそうであるような抽象的なもの＝ネガティブなものという図式も立てられうるわけだが、ここではこのような単純な組み合わせ方ではなく、ポジティブなものとネガティブなものとが綜合的にとらえられたものこそが具体的なものであって、両者が離反的にそれぞれ単独で立つ限りにおいていずれも抽象的なものだとする考え方の可能性を示唆して、今後にそなえたいと思う。「個は他の個から切り離しえないものとして類のメンバーシップの実質を個みずからに実現しえてこそ具体的な個であり、類はまた類においてこそ個が真に個でありうる条件を保障する限りにおいて具体的な類である」という考え方が、そこから出てくると思われるからである。）

たとえば机、紙、ペンなどはもちろん、国家、道徳、認識その他多くのものがポジティブな概念とされることができる。これに反して、幸福、自由、愛、正義、また真善美の価値はネガティブな概念に入る。掌中にとらえたとたんに色褪せたものとなり、あらためて彼方に見える幸福の青い鳥というのは、ネガティブな概念の何たるかを最もよく象徴する。権利として保障されるには、自由はあまりにも無制限、無軌道で、いっさいの羈絆を逸脱して憚らない。愛もそうである。法律がポジティブな概念であるのに対して、正義がネガティブな概念であるといえば、この間の消息を伝えるに足るであろう。愛も正義も、掟を立てるが毀ちもするそれ自身が自由な立法者である。そのようなものとして最たるものに神がある。概念としては、神はネガティブな概念である。ところが、およそ実証性の土俵にのぼりえず、科学的吟味の対象となりえず、したがってその立場からはイリュージョン（幻）とされ夢とされ、あるいは偶像・幻影でしかない観念とされるこれらのネガティブな概念が、人間の生においては今日に耐えさせ、明日に向かって生きつづけさせる支柱としての価値となっている。流行の言葉でいえば、それが「生き甲斐」につながっている。生き甲斐は、現存在の事態的事実そのものにかかわるのではなく、こうしたネガティブな概念とのつながりにおいて現存在的事実に意味を見いだすかどうかにかかっている。

実存の思想は、これらネガティブな概念がそれとして人間に問われ、それによって人間が自己変革の運動にうながされる場所を、その思想的本領としている。実存の思想はネガティブな思想とされてこそその意義を人間的現実の具体的全体において果たすと考えられ、だからこそポジティブ・ネガティブという対比をここに導入することになったのだが、それはこの思想が単に右にいうネガティブな概念を主としてあつかうがゆえではない。むしろ、その思想の性格がネガティブなものであるからこそ、人間の現実的存在に関してネガティブな現実（内面的現実）を掘りおこして実存という概念にみちびき、諸概念の受けとめ方においてもネガティブな面に注目し、そうすることによって最もすぐれてその本来の意味を発揮するようになるような、先にあげたネガティブな諸概念を手に入れ、取りあつかうことにもなるのだと考えられるべきである。一般に思想は、ことに科学的認識を基調とする思想は、こうではない。それらは現実的存在に関するポジティブな規定である現存在にそくして離れない。それらは現存在の存在と運動についての対象的認識として、そこにはたらく必然の法則を客観的にとらえ、個々の事物についてのみならず全体連関を体系的に構想する思想となる（直接的認識に入らないものをさまざまの手段・器具を用いることで対象化する間接的認識も、もちろん現存在の次元におけることである）。したがってその成果として呈示される思想内容も、少なくとも建前としては普遍的・客観的・一義的である。そしてそれらは、現存在としてのあり方をする人間の現存在（生存）の維持・拡充に寄与する。これに対して、実存の思想は、自己認識をふくめていっさいの対象的認識に（究極的には）かかわらない。対象となりえない主体への配慮がそもそもの課題だからである。あえていえば、認識ではなくて実存の経験が眼目であるような、実践的な思想なのである。

実存は主体への問いである

現存在のあり方における人間とは、現に生きて存在し、そのようなものとして飲み、食い、欲求し、思考し、行動する主体が、無条件的に肯定され、無批判的に前提とされ、それ自体が直接的に生活の根拠と目標をなしている人間である。だが、実存のあり方における人間は、そのような現存在のあり方に根本的に疑問を投じ、生きて存在していること自体の意義を問い、現に生存を維持・拡充することを担っている主体そのものの内実に批判的・反省的にかかわる。その主体がそうする権利をいかなる根拠にもち、そうする権利をいかなる目標に向けて行使するのか、とあらためて問いただされるのである。それは、「有るもののみが有り、無いものが無いのはなぜか」という存在論的問いに通ずる人間の現存在に対する問いであり、「人間はどこから来て、どこへ去るのか」という超越的な問いや、「祖師西来意」を問う禅の公案にも代表される問いである。そしてこの問いにおいて、現存在的あり方とは異質の実存的あり方が発動する。

パンのみで生きるのでないとすれば、別の生活の糧は何であるのか。人は何を根拠に、何を目標に生きるべきなのか。それによってこそ生存に意義と価値が見いだされるような、そのものは何であるのか。それなしには現在の生が空疎でしかなく、そのためになら生を損じても悔いないような、「そのために生き、そのために死ぬことができるようなもの」は何か。この種の問いと共に現存在に対して（あるいは現存在的な直接的主体に対して）主体的にかかわり、それによって十分な意味での（反省的・内面的な）主体性を実現するあり方が実存といわれるものである。これは現存在からのいわば主体の離脱である。現存在の立場と論理の内部からは出てくることのないこの超越的な主体と、この問いが、どこに由来するのかは、今は問わない（あとで、その一部について「実存的気分」の項で触れる）。もちろん、この問いについては、答えることもまた主体的決断に属する。ということは、特定の答えが普遍的なものとして客観的に存在するたぐいのものではないということである。またそれは、同じひとりの実存する者にとっても常住不変とはかぎらず、よしんば答えとしての同一性を保つとしても、そのつどの決断において選びとられたという瞬間の性格をもつことを意味する。実存においては、主体が不断にこの問いにおかれ、不断にあらためて答えることを試みさせられる。

この事態は、しかし、われわれを鳩のごとくすなおに応じることに差し向けると同時に、蛇のごとくさとくあらねばならぬことをも命じる。なぜなら、主体が内面的に真摯な反省を欠いて恣意におちいるとき、この問いに対する答えとして選びとられる価値が逆に誘惑となって自他を傷つけることも少なくないし（ロマン派の場合が考えられる）、あるいは諸科学の提示する認識に盲目であるとき、この事態を心理学的法則において理解する認識が権力と結んでおこなうシンボル操作に乗ぜられることも歴史の経験として存在する（ファシズムや全体主義、また大衆社会における神話が考えられる）からである。

カレル・コシークの場合——操作可能性と理性批判

チェコスロヴァキアにカレル・コシーク（K. Kosík, 1926～2003）という哲学者がいる。彼は六八年のいわゆる「プラハの春」の時期の「二千語宣言」の中心メンバーで、最近では「七七年憲章」の署名者にも名を連ねているが、プラハのカレル大学の教授職を追放されて、今は市電の乗務員をしていると伝えられている。この人が、チェコという一社会主義国における経験を通じてのことではあるが、そして直接には「人間の顔をもった社会主義」というふうに言われる問題視座においてであるが、現代の人間と社会の通弊についてきわめて深い洞察のもとで示唆に富む思想を展開している。「操作可能性」という言葉で問題を要約的にとらえながら「具体的なもの」の擁護をめざす彼の思想が、示唆的なのである。こんにち日本でも世界的レベルでも、資源の問題、環境の問題、各種の公害の問題が、社会体制の問題や人間疎外の問題と相関的に考えられて、ヨーロッパ的近代文明とそれを支え発展させてきた近代人のものの考え方が根本的に反省を迫られる情勢にある。それは、近代合理主義的な意味での理性が批判にさらされるということである。その理性の正体が計量的な悟性にすぎなかったのではないかという批判であり、だからこそ理念も情念も、人間も社会も、事物も自然も、生あるもの生なきもののすべてが人間の理性によって操作されうるもののように思い、その操作をもっぱら事とする近代人と、その結果としての近代文明が、こんにち問題視されるかたちで生じたのだという反省である。コシークの理解と主張も、根本的にこの視点を確立して人間と文化の未来に向けて現状打開を試みようとするものなのである。

およそ人間が物事を考える者であるかぎり、それを頼りにし、それを基準にして認識し、判断し、行動するしかないもの、それが理性なのだが、その理性をどのようなものとして理解するかとなると、まことに種々さまざまで、それが哲学のさまざまな理解に結びつく。つまり、哲学の違いは理性解釈の違いであるといえる。カント、ヘーゲル、キルケゴール、マルクス、それぞれの哲学が理性の理解を異にしており、今日われわれがどのような意味性格のものを理性とし、それを基準とするかが、今日のわれわれの哲学内容を規定することになるわけである。そして、近代ないし近代を導出した西欧的なものの総体に向けての反省に迫られたところで、われわれは新たな理性をわがものにする課題を負っているということになる。個々の哲学の差異を越えてこういう思想史的展望に立つと、一八世紀ヨーロッパの啓蒙主義の理性を典型例として、これまで理性の名で考えられてきたものの多くが、最近の反省によれば悟性にすぎないものと見られるにいたった。それはどういうことか。荒っぽくいえば、知的な活動のうちの分析的な知性が悟性と呼ばれ、総合的な知性が狭い意味での理性、そして広い意味での理性がそれらの分析・総合を包括する活動全体にかかわるものと解される事情にある。学問は分類に始まるといわれるように、物事を詳細に区別して見ることによって精密な知識が得られ、そのように悟性によって識別され、要素に分解されたものを、相互の関連において一つの全体にとりまとめて理性によって把握する、この過程の総体が学問的な認識とされ、それによって理解というこ とがいわれる。つまり、或る物を理解するとは、まずその物を構成要素に分解（ことわけ、分別(ふんべつ)）する分析と、そうして得られた諸要素を再構成する総合とによって成り立つ。再構成してみて元の物にならなければ、それらの要素に過不足があったわけで、それらの要素を析出した分析が正しくなかったことの証しになるから、再構成はその分析を検証する意味をもつ。そして、詳細な分析が、もはやこれ以上細かく分けることができない極限において分割不可能性（Individuum, Atom）の意味で個体とか元素とか原子とかいわれる概念を獲得してきたことも、周知に属する。

質の量への還元

ここで近代は、科学においても文明社会の事実においても、また総じて人間のものの考え方においても、今日ではその展相が人間そのものの存立の脅威として反省されることになるような、ひとつの特徴ある原理を大規模に発展させた。その原理が、いってみれば「質の量への還元」ということである。望ましくない物事を望ましい物事に改変することは、人類の営みの歴史そのものが示すことでもあるし、学問と知識とは常にそれに仕えてもきた。そして、それは実際には、望ましくないとされるものを構成要素に分解し、異なる関係において諸要素を再構成し、望ましいとされるものに諸要素を組み変えることによってなされる。この組み変えの素材となる諸要素がいっそう細分化されるとともに、よりいっそう根本的な組み変えの可能性が生じる。物理学において原子が究極的単位でなくなり、より微細な単位である各種素粒子の複合関係とされるにいたったことは、象徴的な意味をもつ。これまで質的差異と見られていたものが、いっそう単純な単位の量的関係の差異に還元され、しかもそれが物質の質の規定の基本においてまでも成り立つということを示したからである。理論的には、原子Aはその原子核の分裂あるいは融合によって原子B、Cに移行可能なものであり、欲するなら他の物質を金に転化させる錬金術も可能であり、技術的工夫の成否にのみかかるという事情である。錬金術が、少なくとも原理的には魔法ではなく、人間の理性にとって理解可能なものとなり、原子論的な考え方が大幅に通用する領域を得たことになる。

このように質的差異を量的関係の差異に還元する可能性の出現は、事物の理解を根本的に変革する。かつて進化論が登場したとき、それは神の創造の秩序を否認するものだという抵抗を受けた。いま、質の量への還元、あるいは量的関係の人工的改変によって質的変化を導出する可能性、ということが科学的知識としてわれわれの考え方のうちにあるとき、それは進化論においてはまだ人間を越えた自然のうちに留められていた分までも含めて、いっさいが可能的には人間の掌中にあり、人間はその知識と技術において可能的には万物の主宰者・造物主であるという考え方に通ずるものをもつ。これは、人間の能力への過信、人間の傲慢、不敬虔という点で人間主体の問題を引き出さずにはおかない。原子物理学の知識と、原子核の分裂・融合を人工的に発生させうる技術の獲得とが、人類自身にまずもたらしたものが核兵器であったことは、これに類する各分野での知識と技術とが現にもたらしつつある危険とともに、この問題を深刻に憂慮させる。（たとえば遺伝子組み変えの知識と技術もすでに緒についている。）だが、問題はこれにとどまらない。これと関連をもつことであるが、この質の量への還元の可能性ということは、あらゆる事物のそれとしてのかけがえのない固有の意味を無意味化する。その物の実体としての意味を空無化し、その物の機能的・関数的意味においてのみその物を見、取りあつかう態度をうむ。現実の事物が個体としての具体的全体性を喪失せしめられ、抽象的な量的関係の関数的存在として、それを見たり取りあつかったりする主体が恣意的に仕立てるものの素材の意味しかもたないからである。

この考え方の基盤をそなえるのが悟性の計算や計量である。構造の分析もその延長上で可能となる。科学は悟性の計量的分析に拠って立ち、技術が実際の改変の操作に道をひらく。思えば、この考え方こそ西欧流の近代文明を促進し、今日の事態を作り出し、現にわれわれ自身のものの考え方、感じ方の基本に位置して、われわれの日常世界を支えているものである。コシークが「人と物、人間と自然、理念と感情、生けるものと死せるものの全般的操作可能性という考え方」こそ「現代における人間の危機と現代ヨーロッパ社会を支える基盤の危機」の根源をなすものと指摘するとき、そしてこの「全般的操作可能性のシステム」は「人間と現実を客体化〔物化〕し、計算可能な単位と見る技術的知性の一元的支配を許すシステム」で、その見本が西欧資本主義世界におけると同じく「絶対的支配の官僚的・警察的制度としてのスターリン主義」に見られると言うとき、体制を越えた現代の通弊に対するコシークの批判は、ここで論じている現実性の尊重に重要な視座を与えてくれる。もちろんコシークは、真偽・善悪をみずから識別する能力をもつ人間、すなわち現実存在の固有の意味と内在的価値を発見する批判的思想を有する人間、しかも自己を絶対化することなく、自己と世界の現在から出て現在を歴史的総体に挿入する人間と、その人間が平等に自由に生きる保障をもつ社会を求めているのである。

フランスの思想家ガブリエル・マルセル（G. Marcel, 1889 ~ 1973）は彼自身の立場を「新ソクラテス主義」とか「人格主義」とか称するが、その思想の性格に照らして代表的な実存主義思想家の一人にかぞえられている。コシークが「全般的操作可能性という考え方」と名づけたのに相当するものを、マルセルは「抽象化の精神」という言葉で特徴づける。どちらも、それによって失われるのが具体的なものであることを示している。現実は具体的であってこそ現実であるが、その具体的な現実がそのものとしてでなく、操作可能性という取りあつかい方の対象とされる限りでは、具体的なものは無視され死滅する。人間に関していえば、右のごとき考え方のもとでは具体的な個々人の現実は顧みられることなく、抽象化されて、抽象的な類概念としての階級、人種、人類などのうちに呑みこまれてしまう。社会主義社会において、社会主義的人間といわれるものが一つの鋳型にまで固定的な人間像とされていて、市民がその鋳型に対して何の批判も判断も許されず、ただその人間像にあてはまるよう操作されるだけである状況が生じたとき、生身の具体的な人間の擁護とその証しがコシークの抵抗となり、それを通じて社会主義のあるべき姿もいっさいの具体的なものの弁証法的運動のなかに位置づけられる彼の思想が形成されたといってよいであろう。コシークがこうしてマルクス主義の枠の中で基本に据える「人間」と「人間の自由」は、実存的な立場からする人間理解と十分に交叉したり重なったりするものをもつと思われる。

二　対自関係と対他・対世界関係

現実性と可能性

実存が現実的存在であるというとき、その現実性が実在性と区別されるべき概念であることは、前にポジティブ・ネガティブについて述べたことを思い合わせてもらえば改めて言う必要もないことであろう。ここでは、その現実性を可能性との対比において一言しておきたい。現実性は存在の様態（あり方、ありさま）として現実活動態であり、現勢態（アクチュアリティ）であって、可能性が潜勢態（ポテンシャリティ）であるのに対立する。アリストテレスが運動の原理・原因をたずねるときにエネルゲイア（energeia 現勢力）とデュナミス（dynamis 潜勢力）として範疇的区別を立てたときの意味で考えてもらいたい。潜在的なものが現在的なものになるその移行の運動が生成である。アリストテレスでは、この関係が運動の一般的原理として考えられていた。実存においては、「人間であること」に関して、潜勢的＝可能的にそうであることから現勢的＝現実的にそうであることに生成することが、いいかえれば「人間であること」を現実活動的に実現していることが、格別の問題領域をもつものとして取りあつかわれる。人間として生まれて人間社会で人間として通用し、姿形（すがたかたち）も生活様式も犬でも猫でもないということは、必ずしもただちに人間であることを十全な意味で発現していることにはならないからである。

キルケゴールは「人間は誰しも人間ではあるが、ただちに自己であるわけではない」と言って、「人間である」と「自己である」とを概念的に区別した。ヤスパースはそれを解説して、現存在としての人間と実存としての人間との区別とし、前者を後者の可能性、すなわち現存在は可能的実存であるという言い方をしている。自己が実現されているあり方においてのみ、人間であることが現成しているというわけである。しかも、こうして人間が自己になる実存的生成は、自然現象のごとく必然的にではなく、個々の人間みずからが自由において決断的に実現する関係であるところに、特別の困難さをもっている。実存的生成は現存在としての人間の自己否定なしには生じえないが、この自己否定は何らかの意味で死と、それにともなう痛苦の経験をみずから招来することを意味するからである。

自己同一性の喪失

心理学や精神医学でアイデンティティ（identity 同一性）という言葉が使われ、自己同一性、ないし自己の身分証明・存在証明の意味で用いられる。自分が自分であるという自覚の有無が問題なのである。この自覚をもつかぎり心理学的には正常とされ、逆に自分で自分の見わけがつかず、自分が誰であるかわからなくなったり、自分で自分がわからなくなったりすると異常だということになる。その異常の度合が大きくなると疾患として扱われる。精神異常者の特徴は、自分が異常であるという自覚をもっていないことだといわれるが、そうだとすると、自分が自分であるという自覚をもち、その意味で正常に自己同一性（セルフ・アイデンティティ）を有する場合にも、それ自体が異常の症候である場合もありうるわけで、この論理はきわめて興味ふかい。キルケゴールが「絶望していないということが、いっそう大きな絶望のしるしであることがある」といって、絶望の弁証法的性格を論述するとき、まさにこの論理が用いられている。不安についても同様である。不安がないことが人間的頽廃のしるしであったり、不安を薬剤で鎮静化し、手術でなくすことが非人間化であったりするわけである。

実存が問題になるのは、自分で自分がわからなくなるという心理学的に異常な自覚の経験においてである。現にこうしている私がほんとうの私であると何によって証明されるのか、自分は自分として自分らしさを、人間として人間らしさを発現してここにいるのかどうか、こうしたことが疑問視され、十分な意味で私が私であり、人間であるとは思われないという自己同一性喪失の自覚とともに実存の問題は始まる。われわれは少年の日に「自我のめざめ」といわれる衝撃的な最初の自覚の経験をもっている。人も物も、それまで親しかったすべてのものが疎遠なものとして離れ去り、自分だけが限りない孤独者として取り残される。自分はもはや先刻までの自分ではない、自分と自分以外のいっさいの他者がこれほど断絶して意識されるこの自分とは何者であるのか、私という人間の正体は何なのか、寂寥と狼狽のうちでこうした問いがとめどもなくつづく。そして、これは夢のなかの出来事ではないのかとも思う。デカルトの夢のアポリアや、夢に胡蝶となった荘周の夢の故事なども、ここではおろそかならぬ経験の産物として思い返される（これについては拙著『気分の哲学』参照）。忘れがたい深刻な経験であったはずのこの少年時の自覚も、時とともにその鮮度を失い、やがて現存在＝生活の日常的営為のうちに埋もれていき、ふとしたはずみに思い出されても、世なれぬ少年の純粋ではあるが不毛な想念としてせいぜいなつかしまれるにすぎないものとなる。

だが、実存は少年のこの経験にこだわる。この経験のうちに原初的にあらわれた自己同一性喪失を、世界内存在としての人間の基本状況と見なす。それあってこそ自分が自分であるといえるもの、それあればこそ生きているもの、しかもそれを自分がまだ知ってはおらず、ましてわがものとして実現してもいないもの、その限りで自分を真実に自分たらしめるにいたっていないもの、それは何であるか。ソクラテスが「魂」と称したものこそそれであり、「魂の気づかい」と同じ意味で「自分自身を知る」ことの大事さが説かれたものと解せられる。それはソフィストたちの凡百の知識と質的に区別される知識に向けて探求に駆り立てる衝迫である。その知識は生活の営為に直接かかわる知識ではなく、自分が自分であるという自己同一性を獲得するための、また人間としての自分が生きて存在していることとそのことの意味にかかわる根本知である。しかも、問われるその知はソクラテスも告白するとおり、知られざる何かとしてのみ知られているものにすぎず、しかもそれに無知であるかぎりは自己のアイデンティティをもつ由もないという意味では、それを探し求めることが不断の課題とならざるをえないように自分を衝迫する当のものである。ここでは、「人間は道具を使う動物である」とか「理性的な動物である」とか、あるいは「私は一九二〇年生まれの飯島宗享という名をもつ男である」とかいったたぐいの、現存在的規定の土俵の内部で形式的に既知のものをもって未知のものを知の領域にもちこんだかのように見せかけながら実質的には異語同意でしかない概念規定のすべてがむなしい。それらは、問われている当の未知のものを、一見既知の別の言葉で言いかえただけで、問いそのものを無限に反復させるだけである。この問いは、現存在として人間が、あるいは自分がそれである限りの何をもってしても、またそのすべてをもってしても、人間であり自分であることの全体が完全にそれに重なり合うことを拒否し、あるいは否定させるものにもとづいている。それゆえ、ここではそれが何であるかではなしに、何でないかということの方が実質的な意味をもつ。

実存は本質に先立つ

このように人間が、あるいは自分が、現に（現存在として）それであるのでないところのものに向けて、現にある人間から、あるいは自分から脱出していくあり方が実存である。人間についても自分についても、それが過去においてどうであり、現在においてどうであるということにもとづいて、それゆえ将来においてこうであろうという展望をふくめて、一般に人間とは、あるいは自分とはこういうものであるとポジティブに規定するならば、それが本質規定である。そこには、同一の本質の自己展開や自己実現を見る必然の支配がみとめられる。サルトルが愛用するポンジュの言葉「人間は人間の未来である」も、確かに一つの規定ではある。だがこの規定は、過去と現在とにもとづいてなされる人間の本質規定を否定し拒斥する規定であり、人間が何であるかをその未知の未来に無規定的に開放しておこうとするいわば逆説的な規定である。そしてこの規定は、自分についても他人についても、また総じて人間一般についても、その悪なる部分に関しても善なる部分に関しても、固定的な決めつけによる偏見を排して、ありうべきあらゆる未来の可能性に対して開かれた姿勢を保障し、限りない信頼ないし警戒、あるいは希望をいだかせうるという意味では、教訓的でもある。現にそれでないものであろうとするところで事実的に現出するものは、これまたやはり現存在としての何ものかであることをまぬがれないし、その新たな時点で現にそれであるものとなったものから、さらにそれでないものであろうとすることへと、実存のあり方は次々に、生の限りにおいて、はてしなく不断に運動してやまない。それゆえ人間ないし自己をそのような実存のあり方に本領をもつものと解することは、その自己実現が、いいかえればその自己同一性の獲得が、不断の自己否定においてのみなされうるという逆説的規定であることを意味する。しかも、この自己否定は、主体的には自由であり、客観的にはさしあたり偶然であって、少なくとも既知のものから予測可能であるような必然ではない。

したがって、この実存的あり方においては、一方では、そこで現成する現存在としての「何か」よりも、そのように現にないものであろうとする「いかに」のうちに人間の本領が見られているということがある。また他方、その「いかに」が自由におけることとされ、いいかえれば単なる合理的把捉を越える情念、無意識その他もろもろの総合関係のなかでの決断によるものとされるということがある。実存的なあり方は、それゆえ理性的に一元的に指導されるわけではなく、理性と区別される感性としての人間の現実や、人間を越えるものとしての神や自然、あるいは存在や無、そうしたものへの感応力をもつ人間の現実に立脚して選びとられる人間自身の現成である。こうした意味あいでサルトルが「人間は、人間が現にそれであるのでないものであろうとするものである」と称するところを、ハイデガー（M. Heidegger, 1889 ~ 1976）は言葉のもじりを用いて「Existenz（実存＝現実存在）はEksistenz（脱自存在）である」という言い方をする。現にある状態にそのまま安住してありつづけさせるのでなく、現にある自分自身の外に脱出的に存在するあり方に人間の現実を見ているわけで、その背面には、現にある自分の状態が危機的で、憂慮の対象にならざるをえないという前述の事情がある。同じことは、「人間であること」の実現を「自己であること」とするキルケゴール（S. A. Kierkegaard, 1813 ~ 55）の「自己」概念にも見られる。人間が現にある自分自身を主体的に措置し、それに対処し、それによって新たに自分自身を選びとって現成させるという意味で「自分自身に関係する」のがキルケゴールの自己概念であり、この意味での自分自身への関係が実現している限りにおいて自己は成り立ち、その関係がやまったときにはもはや自己は不在であるとされる。この関係によって生ずるものをそのつどの時点で静止的に捉えるならば、いうまでもなく、それはその人の現存在の一齣の姿である。

疎外された人間と世界

そのつどの現存在において自己同一性の喪失の意識があることは、それゆえ、心理学的には異常であるとされようとも、実存的にはむしろ正常な人間の自覚であり、自己同一性の回復を課題としてみずからの現存在に否定的にかかわることとそのことのうちで自己同一性を実現する実存的あり方の端緒をなすものである。疎外と呼ばれるこのアイデンティティの喪失は、前述のごとく、さしあたりは漠然とした、しかしそれだけにいっそう根の深い実感的な気分や情緒にともなわれながらの、人間ないし自分自身の自覚における違和感として意識される。(この違和感は、カフカの『変身』においてこの上なく顕著に示される)。それは親和性の喪失感であり、いわゆる疎外感である。しかし、自分自身との親和的な関係の喪失の自覚は、同時に、自分と他者との親和的な関係の喪失の自覚でもある。自分が自分にとって他者として自覚されるように、このとき、他者は自分にとって疎遠なものという性格を明確にして意識される。図形で考えると、地に描かれた図柄は、その図柄を地から画する線によって、図柄としてその線の内側にとりこめられた部分が図柄であるばかりでなく、地としてその線の外側にとり残された部分もまた図柄をなすという構造をもたされている。それゆえ、地と図柄との関係は相互に逆転して意識されることの可能な関係である。この可逆的な表裏の関係を抜きにして、自分を意識するということが他者を意識するということから独立した出来事としてあるのではなく、意識の現象形態がそのつど一方を表とし、他方を裏として登場しているのにすぎない。自他の区別をふくめて区別は総じて区別される双方を同時に成立させているのであって、その区別において一方のみを意識にのぼせるのは状況の偶然の然らしめるものである。このことに「自己のうちに他者を見ること」や「他者のうちに自己を見ること」に視点を転位させて意識することを可能にする条件があるのだが、今はこのことはこれ以上追わない。他者ではないものとして自分を意識することが、その裏面で自分ではないものとして他者を意識していることを意味する事実を形成しているから、そこにおいて意識される自分についての疎外の関係は、そこで同時に他者もまた疎外の関係において意識されていることにほかならない。自分が自分にとって違和的に意識されるとき、その自分も他のすべてのものと共にそのなかに置かれている世界が全体として自分にとって違和的に意識されるということとが裏側にある。
人間ないし自己の疎外の自覚においては、ここでは自分はアット・ホームではない、安堵していられる本領にはいない、異邦人であるという気分がつきものである。自分が現にそのなかに置かれている場、世界の全体が自分にとって疎遠なのである。そのことを、フランスの実存主義的思想家マルセルは「こわれた世界」と称し、またいかにもカトリックの思想家らしく「庇護を失った世界」と呼ぶ。自分と周囲の関係がことごとく崩壊しているという感覚があり、ここではあらゆるものが神から見放されていると意味づけられている。したがって、もはや誰もかまってはくれず、自分のことを心配してくれる者が誰もいないからには、自分で心配するしかない。これに相当することがハイデガーでは、彼の無神論の立場を反映させながら、「投げ出されている（ゲボルゲンハイト）」とか「見棄てられている（フェアラッセンハイト）」とか表現される。人は誰もかまってくれなくても神様が見守っていてくれると信じるうちはまだよかった。その神への信仰がないとなれば、絶対的な見放されかたで世界の内に孤独に投げ出されているというわけである。主人と奴隷との関係において、主人は支配者・命令者であると共に責任者・庇護者でもあって、あらゆる難儀のもとで奴隷がそこに避難することのできる存在でもある。人間が神の奴隷たることをやめてみずから主人となったときから、自由なる主体のこの孤独、寄る辺なさ、最終責任は、当然の帰結であった。

実存の思想はこれまでこの状況意識の中で、違和感と共に憂慮され善処されるべきものとなった自分に対して自分自身が主体的にかかわる自己関係を、それとしてのみ主題的に論じるのが通例であった。自分が自分自身にとってそのように憂慮的に意識されるとき、もろもろの他者と世界の全体が同時に自分自身にとって疎遠になっていることに気づいてはいても、他者と世界の全体をいわば疎遠であるにまかせるかのごとく、もっぱら自己一身における自己同一性の回復としての実存を語るのが常で、そのこと自体が他者と世界の全体との関係の回復と無縁に起こりうるかのように、あるいはせいぜいそのような対自関係の正常化がおのずから一方交通的に結果として対他関係の正常化に導くかのように、少なくともそのような受け取り方を許すような形で論じられることが多かった。つまり、現存在はもろもろの対他関係の総体から成り立つ日常性に埋没したあり方（ハイデガー流の言い方では「ひと（ダス・マン）」、キルケゴールでは「自己」と区別される概念としての「人間」）であるが、実存はそうした日常性から脱却し、日常性のもろもろの対他関係における価値規範のすべてを無として、もっぱら自分自身にかかわり、自己を気づかい、あるべき自己の実現・現成としての対自関係のみを事とするものであるとされる。その対自関係のうちで、挫折の経験を通じて、なおあえて挫折における運命を甘受するか（サルトル）、ないしはその運命に反抗するか（カミュ）、それともその挫折において神に出会うか（キルケゴール、マルセル）、ないしは神と特定せず、超越者の暗号を読みとるか（ヤスパース）、あるいはまた存在者としての自己をそのように存在せしめている「存在」の明るみに立たせるか（ハイデガー）、なんらかの意味と呼称をもって自己のさらなる存在根拠に自己を超越するものを見るか見ないかの違いはあるにせよ、いずれにしても対自関係を現場として実存ということが説かれる。そして、そのようにして不断に実存的なあり方にさし向けられるところで、対他関係の日常性は同じでありながら意味を変貌させ、光彩あるいは祝福において浄化された意味を帯びて、あるいは覚悟においてあらためて平安裡に迎えられ営まれるという筋合いで論じられる。

これを別の視座において見れば、対他関係を外的なものと規定し、対自関係を内的なものと規定して、実存はその意味で内面の問題であり、内面性こそ実存の身上であるという言い方と理解が生じる。その背後には、疎外された人間と世界という事態において、その表裏一体の事態にもかかわらず、因果的先後関係を考えて、あるいは実体的価値の先後関係を考えて、自分自身が本領にいないという内的な対自関係を主かつ先なるものとする考え方があり、いわゆる疎外論においてはそれが実存主義的疎外論として知られるものとなる。これと同様に、ただし先後関係を逆にして、他者が、あるいは世界ないし社会が本領にいないという外的な対他関係を主かつ先なるものとするところに、従来までの社会主義的な、また大衆社会論的な疎外論が見られる。しかし、今日われわれは、対自関係と対他関係とをこのような意味での内的関係と外的関係としてそのいずれか一方を先だてるような考え方は、そのいずれもが、一面的であることによってのみ明らかになしえた功績を認めつつも、真に根底的かつ全体的に事態をとらえるものでは決してなく、その限りで具体的でもなく、抽象的な把握にとどまるという批判をもつ。実存と現存在との間柄についてすでにしばしば強調したとおり、対自関係と対他関係は一体の関係の両面にすぎず、実存的な対自関係はそのつど対他関係においてその内的関係を外的関係に具体的に表現しているのである。それゆえ、対自関係と対他関係を分離して対比的にとらえることを却け、両者を同時的・一体的にとらえることが、疎外された人間と世界を正常に回復する課題になると思われる。この方向で実存理解を試みた顕著な業績として、『実存と労働』以来の鈴木亨氏の論考は高く評価されてよいだろう。前にコシークの「具体的な現実の全体性」の主張を紹介したのも、同じ考慮における評価のゆえである。

なお、対自関係としての実存が同時に対他関係、対世界関係であることに着目するとき、いわゆる実存的思想家たちのあれこれの強調点があらためて意味ふかく浮かび上がってくる。たとえば、ハイデガーの場合「現存在（ダーザイン）」は一般に実存と称されるものの内実を有する概念として用いられているが（ちなみに、本稿では混乱を避けるため「現存在（ダーザイン）」の語をヤスパースの用法で用いている）、同じ内実を別の強調点からいいあらわすときに用いられる「世界内存在（イン・デル・ヴェルト・ザイン）」の語に見られるように、その「現（ダ）」は「世界内（イン・デル・ヴェルト）」といいかえられうるもので、時間的には「いま」空間的には「ここ」と、時空的規定をそのつど一回的に与えられた存在位相を示し、従ってみずからその一部をなしつつ世界の全体関連の内に置かれているその位相を示すが、「世界内」の「内」の語意についてハイデガーが力説するのは、その「内」が単に位相を示すのではなく、個々の他者をふくめて世界の総体にかかわりつつ存在しているその関係・関心を示すものだということであり、「現」もまた単なる存在位相ではなく、対他関係・対世界関係の現成の意味を重んじつつ言われていることと理解されなければならない。サルトルやヤスパース（K. Jaspers, 1883 ~ 1969）が「状況内存在」あるいは「状況」という表現に特別に重い意味を与え、自己が主体という性格を実現するのと他者および世界が状況という性格を実現するのとが同時的に成立する出来事だとするのも、そこに現成している「関係」の重視のあらわれであり、実存の対自関係が対他関係・対世界関係と相即するものとして理解されている証左と認められる。

三　不可知の全体と実存的気分

問いの原型

前に「実存は本質に先立つ」の項で述べたことを思い合わせながら、次にわれわれは全体がわれわれにとって不可知であることと、そのわきまえのもとで実存的にあらわになる諸問題を考えてみることにしたい。それというのも、私とは何者であるかという自分自身をめぐる問いをふくめて、具体的な現実をその全体性において取りあつかうことが、実存の主体的な課題だからである。従って、不可知の全体ということは、ひとまず認識論上の問題として生じて、そのことが存在論における受けとめ方を求め、その受けとめ方における実存がそのつど認識に新たな方向性を与えるといえよう。前記の「なにゆえに、あるもののみがあり、ないものはないのか」という古来のこの謎めいた多義性をもつ問いは、この意味で存在論と認識論を重ね合わせた問いの原形である。また「人はどこから来てどこへ行くのか、誰も知らない」ということも、「祖師西来意」が禅の公案でありうることと共に、同じ性格をもつ。そしてここに、神話と終末論が人間のもちものとなりうる根がある。

主客関係と対象知

「人はすべて、その自然として、知ることを欲する」というアリストテレスの命題に示される人間

郵便はがき

〒101-0064

東京都千代田区
神田猿楽町2-5-9
青野ビル

（株）**未知谷**行

ふりがな ご芳名	お齢
E-mail	男　女
ご住所　〒　　Tel.　-　-	

ご職業	ご購読新聞・雑誌

愛読者カード

ご購読ありがとうございます。誠にお手数とは存じますが、
アンケートにご協力下さい。貴方様の貴重なご意見ご感想を
賜わり、今後の出版活動の資料として活用させて頂きます。

書の書名

買い上げ書店名

本書の刊行をどのようにしてお知りになりましたか?

書店で見て　広告を見て　書評を見て　知人の紹介　その他

本書についてのご感想をお聞かせ下さい。

●ご希望の方には新刊書のご案内をさせて頂きます。　要　不要

通信欄（ご注文も承ります）

の知的欲求は、見える現象の知から見えざる本質の知に向かわせる。それは感官知覚にもとづく感性知から、範疇的分析論による悟性知をふくみ、本質直観の理性知にいたる認識論を構成する。しかも、本質優位の発想による観念論（形相主義）的認識論の歴史は、感性の実質的（質料的）認識や情念を定め、人間の「知」を本質直観の理性知として洗錬して、近代にもたらした。近代、わけても一九世紀以降、科学と技術の発展は、それまで見えざる領域におかれていた多くのものを、飛躍的に見える領域にもちこんだ。従来の形而上学的で、神秘主義とつながりやすい瞑想的な、あるいは思弁性の強い本質直観に代わって、科学的に、見えざる本質を見えるものにしようとする試みとしての一面をもって登場したのが、現象学であるといえよう。知が知る主体の主観性のゆえに知ろうとする対象を純粋にありのままにも、根本的にも、全体的にも捉ええないのは、知の全領域にわたって言えることだが、本質直観においてもそれが例外でない例証を、フッサール（E. Husserl, 1859～1938）の現象学の場合で要約的に見てみよう。

もとより哲学が思考を本領とする限り、その思考において考えるものと考えられるもの、知るものと知られるもの、見るものと見られるものという主客関係はまぬがれえぬもので、その知は主客関係における対象知にとどまる。しかし、総じて科学的思考が対象知にとどまるのに対して、哲学的思考は対象知が意味するものをさらに対象として考え、対象化そのものを考え、主体を、対象化されたたんに主体でなくなるというその主体性において問い、考え、その意味で主体に主体的にかかわる道を求める。科学と異なる哲学の思考に、このような主体的対自関係の内面性と、主体生成の実践との重なりを見るのは、実存的思想にいちじるしい特徴であり、ヤスパースはキルケゴールを受けてとくに詳論する。考えることで主体は主体たることを実現し、考えることはことば化することで、「ことば」で名づけることが存在者を存在させることであり、その意味で思考すること（denken）は創作すること（dichten）であるとなすハイデガーの場合にも、同じ特徴を見ることができる。

知が主客関係において対象化された限りの知でしかないことは、カントも「物自体は知られるべくもない」という形で指摘した。しかし、その対象化と対象知において主体を問う考え方が科学的思考になかったかといえば、決してそうではなく、むしろさまざまに存在する。アインシュタインが、「一つの新たな知は、これによって同時に、いままでそれについて無知であるということにさえ無知であった広大な未知の領域をそれとして知らせる」と言うとき、それはわれわれの知がいかに微小で、全体知からいかに遠いかを示す一方、一つの対象知がそこで対象化をおこなっている主体の視野を拡大させ、新たな角度から対象化をおこなう可能性のある主体へと変化させる意味をも示している。また、対象化における接近の仕方、ことに観察者の用いる方法と器具の種類が、対象知としてとらえられる内容をそもそも限定していることの自覚は、今日では科学者の常識である。対象知における主体の主観的制約を多数の主観の相補的関係によって克服し、客観的知識の確立を期待する考えも、科学的思考における主体への問いの結果として登場する。フォイエルバッハは、人間の知と能力の限界を考えて神に全知・全能を帰するのは人間を個人単位にのみ考えているせいであって、人類単位に考えれば個人単位に考える者が神に帰した属性のすべては人間の属性だと述べている。個体（individuum）としての人間の知と能力にはそれぞれ限界があるが、類体（Gattungswesen）としての人間は全知であり全能であり遍在するという彼の考えは、人間理解に関して類体的な考え方の大事さを明らかにした点で注目にあたいすると共に、知る主体への問いにおいて主体そのものの転移をうながしたものと解することもできる。ここには、むろん、人類の知と力の未来に対する楽観があり、歴史的所産としてのそのつどの知が十全な意味で客観的でも確実でもありえず、なにほどかの主観性の限界をもち、蓋然性の域を脱しないことへの注目が欠けている。知る主体が、個人レベルでも集団レベルでも、いかに多様に先入主的偏見にとらわれた主観性の限界をもつかを、分析・警告したものにベーコンのイドラ（偶像・幻影）論がある。ここに、後の叙述との関連を考慮しつつ例として取り上げるフッサールの場合も、主客関係における対象知に関して主体を問う科学的試みとして位置づけることができよう。

志向性と純粋意識

当初、個人レベルで現象を通じて本質を見ることを目標としたフッサールにあって、その方法として構想された現象学において大きな役割を演じたのが、いわゆる独墺学派の特色ある思想伝統の基軸をそなえたブレンターノ（F. Brentano, 1838～1917）の志向性理論と、それを継承したマイノンク（A. Meinong, 1853～1920）の対象論であった。それは、「意識は常に何かについての意識であり、意識はそのつど志向（インテンション）を有し、従って意識は事象を意識自身のもつそのつどの志向にみちびかれて対象化する」ということをめぐって展開する。私は実存的気分論への導入の意図でこれに触れるのだが、そのために好都合な私なりの解釈を加えていえば、事は次のように解される。

われわれの意識が志向性をもつということは、われわれが事象を意識するにさいして、実際には意識の志向性のフィルターを通してのみ事象を意識し、従って事象のうち志向された部分のみを意識し、それ以外の部分を、それゆえまた事象そのもの・事象の総体・事象の本質を意識しないという重大な反面をもつことを意味する。志向において選びとられたものだけが意識されて対象となり、選ばれなかったものは意識から排除されていくから、事象そのものを志向しているのでない限りその意識が事象そのものを意識することはないわけであるが、事象そのものを志向することはその意識の志向性を無化し、無志向の白紙の状態において事象そのものが意識されるにまかせることにほかならない。同一事象を同時に経験した幾人かの者が、その事象について何を見たか、何を聞いたか、それぞれ異なる内容を意識するということは、日常的な事実である。それぞれが、志向にみちびかれて意識している結果である。端的にいえば、見たいものしか見ない、見えない、聞きたいものしか聞かない、聞こえないという関係である。これは、空腹な時にはまず食べ物の看板が目につくということに象徴される。そのような志向が何によって規定されるかは、生理的、社会的、精神的、その他さまざまの条件の連関と総和であろうが、意識以前に無意識のうちで意識の仕方を方向づけるものとなっている。それゆえ、意識のもつ志向性に着目することは、志向性の由来を求める考慮において「無意識」の領域に探求の足を踏み入れる試みをさまざまに展開することにもなる。無意識の領域を問うことはここでは避けるが、無意識に根をもつと解されるその時その場における意識主体のもつ「関心」がその意識の志向の内容をなすということは、現存在的事実として指摘しておかなければならない。われわれの現存在は、口腹の欲から精神的な愛にいたるまで、常に何かに関心をもちつつのみ営まれており、その関心がそのつどの意識において志向性をもたせる。現存在の「現」について、それが「関心・関係をもちつつ」の意味であると先に述べたことを、思いあわせてもらえばいいだろう。

それゆえ、たとえば色彩の微妙な識別を意識しようとするならば、その意図・関心・志向のもとで、それ以外のすべてが目に入らないほど専心的にそのことに意識が凝集した主体を形成することと、その見方を洗錬する方法が要求される。「見る目あらば見るべし、聞く耳あらば聞くべし」の道理で、見る目、聞く耳をそなえた意識主体に問いが投げ返される。これは、裏から言えば、「心ここにあらざれば見れども見えず、聞けども聞こえず」という言葉で示されるものでもある。しかし、かれこれの現象ではなく、それらを通じて肝腎なもの、最も大事なものという意味での本質をとらえることが眼目である場合には、どうであろうか。フッサールもまた、現実存在より本質存在を重んじ、その本質をいかにしてとらえるかを主題に考えていた時期に、右の志向性理論が活路を開くのを見た。本質をとらえたいなら、あるいは事象そのものを見たいなら、それが見えるような、そしてそれ以外のよもやまのものは気にならないような、そういう関心のあり方に主体そのものの意識の志向性をコントロールする必要がある。そのような意識がフッサールのいわゆる「純粋意識」であり、この意識を形成するために必要とされる主体の側の操作（たとえば空腹時における志向性をコントロールするには、満腹させることも一方法であるというように、ここにも対他関係の介在を考えなければならないが、今はそれには触れない）が現象学的還元や超越論的還元といわれるものの意味するものと解されてよい。大切なことは、こうした純粋意識が実は「判断中止（エポケー）」だということである。見ようとする意識の志向を、かれこれの現象そのものでなく、それらの現象を見ることを通じて本質を見ようとすることに還元するのが現象学的還元と解されるが、しかしそのように本質を見ようとすることは、「見ようとする」主体のその志向ゆえに「事象そのもの」を見るにふさわしい姿勢をみずから阻害する結果におちいっている。「見ようとする」主体の志向が、本質あるいは事象そのものについて、その志向のふくむ予想・希望・憂慮などの判断において、結局のところ見たいものしか見ないことにみちびいており、そこで見られるものは「そのもの」としての本質でも事象でもありえないからである。本質あるいは事象そのものを見たいのであれば、それを見ようとして瞳を凝らす凝視の視線とは別のまなざしが必要となる。その関係は逆説的で、「得んとするものは失い、失わんとする者は得る」が妥当する。すなわち、本質を見ようとする志向さえも捨てられ、見ようとする主体が越えられる姿勢が主体のものとなったときに、初めて「事象そのもの」がそのありのままの相で主体に見られるわけで、そのような超越的な見え方をするように主体を形成する操作が超越論的還元といわれるものと解される。見ようとする志向のうちにはたらいている判断、それへ促す情念、無意識の深層に及ぶまでそれらを停止させてこそ成り立つ純粋意識の判断中止の境地とは、主体が見る主体としての能動性を放棄して、いいかえれば見ることに関して完全に受動的になる状態であり、本質ないし事象そのものが主体となって、それが見させるものをそのままに受けとめて見る立場の現成である。そうなると、私のまなざしはもはや主体としての私が見るまなざしではなく、事象そのものが示すものを一点の曇りもなく映す明鏡のごときもの、いわゆる「無相の鏡」でなければならない。フッサールの場合、右のことは認識論上の本質直観の方法的考察として考えられたことだが、実質的にそうして得られる本質直観は、もはや対象的認識ではなく、いわば主客未分の純粋経験に属することであり、認識論が存在論と重なり合う局面に達しているといわなければならない。

禅の心

志向性と純粋意識に関する右のごとき考え方は、複雑な理論を省略すれば、禅の心境に通ずるものを有している。想起される道元のことばに「生として願う心なく、死として厭う心なく、死として願う心なく、生として厭う心なく、よろずに願う心、厭う心なければ、これをほとけと名づく」(『秘密正法眼蔵』生死)というのがある。禅仏教における「覚」としての知は、この「ほとけ」の境地における知識で、只管打坐の修行がそのための実践的な方法、いや、何かのための方法であっては「……のため」という志向がすでにこの境地を歪めるという理由からすれば、それは方法ではなく、それ自体が自己目的であるかのごとくさえ見える道、すなわち方法とか目的とかの判断を停止したという意味での「只管(ひたすら)」なる打坐としての実践道となるのであろう。そしてこれは、厳密な学的知をめざすところでフッサールが方法的に構想した判断中止(エポケー)や純粋意識を地でいくものと考えられる。

だが、こうした禅の心と親近な関連をもちつつ、われわれ日本人の日常語となっていることば、「無心」とか「虚心」とかの境位は、まさにこの純粋意識にほかならない。いっさいの成心を去った無心あるいは虚心の状態にあってこそ、事象はその真相において受けとめられるという理解を、無心あるいは虚心ということばは許しているからである。意識の志向性といえば何やらいかめしく聞こえるが、それはここにいう「成心」と考えればいいし、あるいは「為めにする心」、さらには「下心(したごころ)」というふうに俗にいわれることばで考えられてもいいものであって、それに対するものとしての無心・虚心なのである。

もっとも、禅に言う「ほとけ」の境地となると身心脱落として現存在的人間の否定の契機を有し、その限りで「死」の契機を有し、パウロの「もはや我れ生くるにあらず、キリスト我れにあって生きるなり」に一脈通ずるところで、その超越は宗教的性格をもつが、そのことはフッサールの場合にはない。事象そのもの、あるいは存在そのものを見、あるいはそれにかかわろうとする場では、その志向が自己否定的に主体そのもののあり方の変革を求め、対象化と即物的な主体の主体性を虚無化して、主体を超越する事象ないし存在に対して受動的ならしめる。この点での共通項をもちながらも、このことにかかわる主体の経験にともなう気分のもろもろ、また事象ないし存在のおびる意味の変容をいかに解するかは、別の大きな問題をそなえる。謙虚にさせられる主体と、いみじきもの、畏敬の念をもって迎えられるものとなる事象ないし存在とが、そしてさらにはこの相互関係を包括する全体の荘厳とが、いかに根拠づけられ、またいかに納得させられるかが新たな問題であり、終末論もそこに場をもつ宗教的信仰とその諸相の展開の可能性があるからである。

ここで一言つけ加えるならば、このように何を見よう、何は見まいとするいわゆる主観的な判断を中止し、志向を無化して、心頭滅却の純粋意識にまで還元することに私が成功し、従って事象そのものがありのままに見せるものを私が見るという関係が現成したとしても、そこでもやはりそれを「私が見る」という場面が残り、私が捉えた限りのものでしかないという問題が残る。建前からすれば、もちろんその場面での「私」は成心をもつ個我的な私ではなく、現存在としての私を超越した無心・無私の大我とも称すべきもの、それゆえ「ほとけ」とか「キリスト」の器とかいう信仰的表白を呼びおこすような性質のものなのだが、それにしてもそれが他者ではないこの私の身において生じる出来

刊行案内

No. 58

（本案内の価格表示は全て本体価格
ご検討の際には税を加えてお考え下

ご注文はなるべくお近くの書店にお願い致
小社への直接ご注文の場合は、著者名・書
数および住所・氏名・電話番号をご明記の
体価格に税を加えてお送りください。
郵便振替　00130-4-653627 です。
（電話での宅配も承ります）
（年齢枠を超えて柔軟な感受性に訴える
「８歳から８０歳までの子どものための」
読み物にはタイトルに＊を添えました。ご
際に、お役立てください）
ISBN コードは 13 桁に対応しております。

総合図書

未知谷
Publisher Michitani

〒 101-0064　東京都千代田区神田猿楽町 2-5-9
Tel. 03-5281-3751　Fax. 03-5281-3752
http://www.michitani.com

リルケの往復書簡集二種完結

「詩人」「女性」からリルケ宛の手紙は本邦初訳

き詩人への手紙

き詩人F・X・カプスからの手紙11通を含む

イナー・マリア・リルケ、フランツ・クサーファー・カプス著
ーリッヒ・ウングラウプ編／安家達也訳

208頁 2000円
978-4-89642-664-9

き女性への手紙

き女性リザ・ハイゼからの手紙16通を含む

イナー・マリア・リルケ、リザ・ハイゼ 著 ／ 安家達也 訳

176頁 2000円
978-4-89642-722-6

8歳から80歳までの

岩田道夫の世界

子どものためのメルヘン

田道夫作品集　ミクロコスモス ＊

フルカラー A4判並製 256頁 7273円
978-4-89642-685-4

は天才だよ、作品が残る。生きた証も人柄も全てそこにある。
はそれでいいんだ。」（佐藤さとる氏による追悼の言葉）

のない海＊

192頁 1900円
978-4-89642-651-9

靴を穿いたテーブル＊

200頁 2000円
978-4-89642-641-0

走れテーブル！　全37篇＋ぷねうま画廊ペン画8頁添

楽の町のレとミとラ＊

144頁 1500円
978-4-89642-632-8

レの町でレとミとラが活躍するシュールな20篇。挿絵36点。

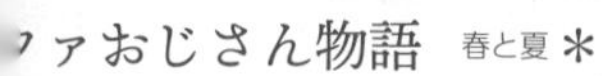

ァおじさん物語　春と夏 ＊

978-4-89642-603-8 192頁 1800円

ァおじさん物語　秋と冬＊

978-4-89642-604-5 224頁 2000円

らあらあらあ　雲の教室 ＊

ュールなエスプリが冴える！　連作掌篇集　全45篇
下に出ている椅子は校長先生なの？　苦手なはずの英語しか喋れない？　空
ら成績の悪い答案で出来た紙飛行機が攻めてくる！　給食のおばさんの鼻歌
いろんな音に繋がって、教室では皆が「らあらあらあ」と笑い出し……

192頁 2000円
978-4-89642-611-3

ふくふくふくシリーズ　フルカラー64頁　各1000円

ふくふくふく **水たまり＊** 978-4-89642-595-6

ふくふくふく **影の散歩＊** 978-4-89642-596-3

ふくふくふく **不思議の犬＊** 978-4-89642-597-0

ふくふく　犬くん　きみは一体何なんだい？　ボクは　ほんとはきっと　風かなにかだと思うよ

イーム・ノームと森の仲間たち ＊

128頁 1500円　978-4-89642-584-0

イーム・ノームはすぐれた友だちのザザ・ラパンと恥ずかしがり屋のミーメ嬢、そして森の仲間たちと毎日楽しく暮らしています。イームはなにしろ忘れっぽいので　お話しできるのはここに書き記した９つの物語だけです。「友を愛し、善良であれ」という言葉を作者は大切にしていました。読者のみなさんもこの物語をきっと楽しんでくださることと思います。

事であるという限界をまぬがれない。早い話が、複数の個人を考えた場合、Aなる私がそのようにして無心において見たものと、Bなる私が同様にして見たものとが一致するという保証はない。それぞれが信仰において得たと称するものの間の激烈な対立、しかもそれが信仰という最後的なものに拠って立てられたものであるだけに救いようのない葛藤を惹き起こすそのような対立は、枚挙にいとまがないし、そのために宗教的寛容が力説された歴史的経緯も思い合わされる。ここは、主我的な思いこみや偏見から脱出して事象そのものを見るという個体における主体の構えとして貴重なものが登場する場であるとともに、それによって生ずる無心・無私・公平の自覚がなお主体の限界をもつという更なる自覚にともなわれるのでなければ、きわめて危険で他者にとって有害にさえなる場である。そこで得られた真理や正義が、この場合には超越的に神仏の名で信仰的に絶対化されて、しかもそれが個体における出来事であるために、同様の構えから他の諸個体のそれぞれの受けとり方における真理や正義との相互関係において絶対的非寛容と強制にみちびくからである。科学的態度を一契機としてもつ哲学が、この信にかかわる知の極限の場で、思考による知としての分限でなしうるし、またなすべきことは、この自覚の不断の重層化において信と知の緊張関係を正常に維持することであろう。フッサールにあっても、一個体の純粋意識において見られるもののこの限界の自覚が、それを本質の直観と解することを放棄させ、「事象そのもの」を共同主観性に、すなわち等しく純粋意識において見る多数の個体がそれぞれに捉えるものの相互の補い合いに期待することになると解される。

感性の復権

このように解される共同主観性の提言は、それによってあまたの局面に意味を展開させる契機となりうる。第一に、それはフォイエルバッハの類体の思想との類縁性において、客観的認識のための場を提供する。第二に、それは認識論における認識主体の主観性への吟味を通じて存在論に重なる境位に達し、それがために存在論的に相互主体性と称すべき概念への移行の道びらきをする。第三に、それはありうべき主観の超越の道程で、「見ること」（観）から「聞くこと」（聞）へ、さらには「触れること」、いっそう正確には「触れられること」（触）へと受動性の度の高まりに積極的意義を見いだす見地をそなえる。第四に、それは第三の局面と関連しつつ、いわゆる「生の哲学」における「生」の概念を軸とする「生の世界」（一般に「生活世界」と呼ばれている）に基盤をもつとされることによって、理性的なものと感性的なものを包括する「具体的な全体」への新たな関係を示唆しうるものとなる。いずれも詮索にあたいする局面であるが、ここでは主題に照らして第四の局面のみに触れておきたい。

われわれが自己を気づかい、自己に関心をもつとき、それは具体的な全体としての自己の現実的存在に関することである。「生の哲学」の「生」の概念も、そうした具体的な全体の地平を切り開こうとするものであった。理性的認識がついにまぬがれない対象知の限界の彼方に残され、しかも理性的認識それ自身すらもそれによって発動され方向づけられているところのもの、そのような全体をそれとして遇する道において「生」の概念は立てられた。それは意識を認識の方向においてのみ追うのでなく、身体と行動における存在において問うことにもなった。それとともに、身体にともなう感性的意識のもつ意味が、浮上して考慮され評価された。近代合理主義的な意味での理性が不当に貶め無視してきた感性の復権が、ここに生じた。だが、理性尊重が感性軽視にとどまらず反感性におちいるのと同様、感性尊重が反理性に走りやすいのも、歴史的推移の力学のみちびくところではあろうが、しばしば起こることであり、「生の哲学」も近代合理主義に対する反動性をおびて非合理主義ないし反合理主義の性格を際だたせるものとなった。これは、一九世紀以来の心理学・生理学・人類学などの諸科学の進展に触発され、またそれを促進しつつ、人間と社会と文明とに関する批判と新たな理解に視座をあたえた。「生の盲目的意志」（ショーペンハウアー）や「力への意志」（ニーチェ）が原始の森とともに基底に見いだされ、「生の躍動」（ベルグソン）が価値として願望され、秩序志向の分別を破るデモーニッシュな情念が尊ばれ、意気と感激が謳歌される一種の心情主義的気風を生みだした。「意識の志向性」への着目も、「了解を可能ならしめる前了解」とか「認識に先だつ愛」（M・シェーラー）とかの発想も、この動向の中で生じて、それに寄与した。こんにち実存主義の名で通俗的に受けとられているもののうちに、その実は「生の哲学」において唱道され鼓吹されたものがそのままの形で存在していることに注意されなければならない。実存主義と生の哲学とは、多くの点で共鳴し合うものをもち、きわめて親近な類縁性をもっている。感性を復権させて人間をその具体的全体性の現実において潑剌と生かそうとする点で、殊にそうである。しかし、そのことが理性との関係でどうなるかという点で、両者は決定的に相異する。生の哲学が近代合理主義的理性に理性一般を代表させる形で、理性ないし精神の否定に進み、ファシズムに利用されうる反理性主義としての心情主義・生命主義に傾斜を深める動向をもったのに対して、実存主義は理性との新たな出会いの道を求め、あるいはそれを可能ならしめる新たな理性の樹立、新たな理性の解釈を創出しようとするものだからである。このことは、感性の大事にされ方、とくにその原初的なものとしての「気分」の取りあつかい方に顕著にあらわれる。「気分」は、生の哲学においては心理学や生理学の概念でしかなかったが、実存主義においては存在論的、いや実存的な範疇としてその意味するところが省察され、それによって精神のありようが問われるものとなる。

実存的気分

理性の名によって権威づけられた価値の諸制度とその総体としての文明が疑われるところでは、感性が拠り所となる風潮を呼ぶ。こんにち、この風潮はフィーリング本位となって若い世代に迎えられるが、これは既成の価値・制度に対する否認の身体的表現と解され、そこに感性への依拠の広汎な発露が認められる。哲学においても、現代では、身体と共に感性への改めての着目が一般化している。マルクス主義の場合を一例として考えても、フォイエルバッハ以来、具体的な現実の全体への考慮から、身体・質料性を重んじる考え方において、それなりに感性を復権させたということがいえる。そして、それが価値観の転回に通じ、社会制度の変革に向かう思想に形成された。だが、感性尊重における実存主義の特殊性は、少なくとも従来までのマルクス主義の理解の射程外にある。その点を示すものが、これまた実存的な気分のもろもろについての軽視である。いわゆる実存的気分は、マルクス主義にとっては、頽廃期の資本主義社会におけるブルジョワ的意識の随伴現象であって、社会主義社会の建設の実践のうちで克服されるはずのものにすぎない。従って、この曖昧でいかがわしいものに拠って立とうとしたり、大事な所でこれに場をもたせることは、非合理主義の道で、人間と世界の未来を危うからしめるものだとされる。しかしながら、実存主義は気分をそのようには取りあつかわない。もろもろの気分、なかんずく実存的な気分と称されるもろもろの陰性の気分、すなわち憂鬱・不安・倦怠・嘔き気などが、一時期の特定条件のもたらす生理現象にとどまるものでは決してなく、むしろ人間の存在の現実（現存在、世界内存在、状況内存在という言い方ですでに言われたもの）のもつ根源的な矛盾の構造をそのつど特定の条件下に反映・開示するものであり、生理現象という身体的表現における精神の存在証明であると解されるのが実存主義の場合である。これら実存的な気分は、いまだ実現されていない実存がそのつどの現存在にそのことを自覚させる信号の意味をもつ。それは現存在でのみあることの人間的危機、人間的頽落の徴なのである。

キルケゴールにとって憂鬱や不安や絶望は、人間の眠っている、あるいは歪んでいる、あるいは病んでいる自己（対自関係）の徴表であり、従って実際には眠り歪み病んでいながらそのことに無自覚であるよりは、これらの気分をもち、そのことに自覚がある方が健全な自己実現としての実存への道における一歩前進と解されている。それは精神（これはキルケゴールでは自己といいかえられ、対自関係といいかえられる概念である）の出番を告げる合図であり、自由の発現を要請する訴えであるが、その意味ではこの合図・訴えそれ自体がすでに精神の、また自由の隠された形でのはたらきとも見られる。これらの気分が危機（岐路）に立たせ、それによって、単に所与的なものとしての現存在の必然のあり方から、主体的にみずから自由に選びとった自分に、従ってその責任が自分自身に帰せらるべきものに、質的に変化した人間を現成させるのである。この関係が、たとえばハイデガーでは「被投性における投企」ないし「被投的投企」と言われる。キルケゴールはキリスト教的思想家であるから、この関係における不安・絶望の実存的気分を人間の原罪に結びつけて理解し、自由に自分自身であろうとするに際して全関係の措定者（すなわち創造者たる神）に曇りなく根ざすことで、完全な意味で神に依拠し従属する者であるキリスト者となることなしには、不安と絶望は克服されえないとする。こうした宗教的信仰による処方箋を書くことも、それに従うか否かも、おのおのの人間の実存的自由における決断的投企にかかわることであるというところで、実存主義は諸思想家を通じて或る種の共通理解をもつが、課題の性格から、不条理（アプシュルディテ）・逆理（パラドクス）などが避けて通れないものとして正面に立ち現われ、その限りで常に宗教的信仰がそこで起ちもし倒れもする極限領域を脱しえないという共通性をも有している。O・F・ボルノウ（O. F. Bollnow, 1903 ~ 1991）などは、実存主義はあまりにも暗い気分のみを問題にしすぎ、もっと明るい気分の積極的評価をすべきだというふうに批判するが、これはいわば目標である答えの先取りであり、それが真に答えでありうるかどうか、まず問いを正しく立てることが先決であり、実存主義は主体への問いそのものに人間の実存の自由なる発現を見るのであるから、問いを問わせる危機として暗い否定的な気分こそがその出発点にみちびくものだといってよい。

サルトルの「嘔き気」

ハイデガーがキルケゴールを引照しつつ考える「不安」も、ニーチェやサルトルが「嘔き気」と称するものも、世界内存在ないし状況内存在としての現存在のあり方に根源的につきまとい、それによって現在の自分のあり方を疑問視させる気分として取りあつかわれる。実存的な自己の自覚は、これらの気分にひたされながらのみ出てくるものなのである。それをサルトルの例で見てみよう。

彼にとって、物の存在が意識されるその原初的な経験が嘔き気をもよおしながら生じたのだった。従って、嘔き気は、即自存在の存在の開示のされ方だというふうに言われる。予兆的な経験ののちに、ロカンタンが本格的に嘔き気の絶頂を経験したのは、公園のベンチでマロニエの根っこを目にしているときのことだった。それをマロニエの根であると見るのは、人の定めによって人がそれに付与した名称、観念を見ているだけのことで、そうした言葉によるどんな規定からも脱け出して、それはそのものとしてただそこに存在したし、その存在を彼は見たのだった。それは軟かく無秩序な塊であり、忌わしい、猥らでグロテスクな塊だった。その息のつまりそうな存在が眼、鼻、口、あらゆるところから彼の内に侵入してきて、彼に嘔き気をもよおさせる。マロニエの根が異様なのではなく、それが存在すること、それがそのようにして存在することが異様なのであり、その異様さが胸のわるくなるような気分をおこさせる。だから、ひとたびこうして存在が意識されると、マロニエの根に限らずあらゆる物が同じように存在として意識され、嘔き気は存在するすべての物からロカンタンに押し寄せる。ここで「嘔き気」と称されるものは、むかつくような胸のわるさであるが、うんざりするという意味で「倦怠」と表現されることをも許すようなものであり、考えられる限りのどんな存在規定の言葉をもってしても捉えきれない不条理な、また無理由な、それゆえがまんのならない「よけい物」としての「存在」に対する苛立ちと拒否の気分である。しかも、小説『嘔き気』でも著書『存在と無』

でも顕わに示すにいたってないことだが、こうした即自存在のサルトルにとっての開示は、サルトル自身の即自存在に対する脅威としての意味を帯び、そのことが即自存在を意識するサルトルの意識に拒絶反応を嘔き気として随伴させるものと解される。「見る」「見られる」の相剋関係においてこれを見れば、物そのものである即自存在は、その存在を意識するものである対自存在との間に対抗関係をもつが、反面、物体と物体との間にすでに必ずしも親和的ばかりではない緊張関係があるのと同様なことが、即自存在相互間においてもサルトルの場合には考えられているように思われる。マロニエの根が物そのものの存在として見えたことは、ただちにロカンタン自身にはね返る。マロニエの根の即自存在を意識したときの嘔き気は、それと同格の即自存在としてのロカンタン自身の存在の自覚をも包みこむ。つまり、サルトルにあっては、嘔き気をもよおすような自己嫌悪とともに、彼自身の現存在の存在的自覚がおこなわれていると考えられる。ロカンタンが、この経験のあとすぐに救いを求める心で恋人のところへ飛んでゆくゆえんである。もちろん、それは嘔き気の正体を察しえぬままの惑いの行動であったし、音楽を聞いて嘔き気を忘れた経験を踏まえてロカンタンに「音楽や芸術に救いを求める者は、馬鹿者、ろくでなしだ！」と非難させるとき、サルトルは嘔き気が人間的生存の不可避の現場であることの覚悟を示したものといえる。

病気のようにふりかかってくる嘔き気は、そこで開示された即自存在の存在が無理由で、不条理で、それに対してどうしようもなく絶対的に受動的であることを強いられる所与性に対する、主体の呪詛の性格をもつ。所与性を恵みと受けとる感覚とは対蹠的である。このことは、私自身の現存在としての日常的生存の日々が、現にこうして曲りなりにも保持され、殺されもせず、獄につながれることもなく、飢えることもなく過ぎているというそれだけで、もうまっとうなものでないことを証明しているという自意識につながる。太宰治なら「生きているんだから、どうせインチキやっているに違いないのだ」という科白（せりふ）になるような場で、嘔き気は、そうして生きている自分と、それを余儀なくさせる存在世界の全構造とに向けられる。

四　限界状況と実存的自由

状況と主体

人はみずから生を意志して生存し始めるわけではない。生まれるという言葉の受動形が示すとおり、みずから時を選び、所を選び、資質や両親を選んで生存し始めるのではない。存在そのものを直接には両親に負うて生存し始めると共に、生存の事実そのものにおいて自然的、社会的なあらゆる存在者との関係の総体として存在し、それらに負うて存在している。しかも、死にたくなくとも、人はいつか死ぬ。いつかはわからないが、不可避的に、確実に、死は必ずやってくる。こうして生まれてから死ぬまでの間の時が、人間の現存在の時間である。それゆえ人間の現存在は、そもそもその発端と末端とにおいて、人間の知にとっては無理由・不条理でしかないものにもとづき、それに囲まれており、その「どこから」「どこへ」のアルファとオメガを何らかの知としてとりとめなければ気のすまぬ心情が、「神の摂理」という言葉を立てて納得しようとすることになる。

この根本的受動性に現存在はとりこめられている。私をふくめて私との関係に入ってくる存在者（想像における存在者を含む）の総体が私の「世界」であるが、この世界という受動性の大枠の内にあって個々の人間がそれぞれ主体性を確立して世界に自由に能動的にかかわるのが実存である。それを意味するのが世界内存在という表現であることは前に述べた。正確な言い方をすると、世界内存在はさしあたり現存在がそれであるものであって、その意味で実存の発現する現場でもある。人間が主体的になるとき、世界は主体にとって状況と呼ばれる性格のものとなる。ところで、実存的主体がそれを自由に取り扱うことができず、その受動性の大枠にとどまらざるをえない制約が、ヤスパースの呼称を借りれば、「限界状況」である。これは、主体となることがすでに生きて存在している人間における出来事であるという点からすれば、生きて存在していることとそのことの有する免れえぬ制約である。限界状況は、まず、基本的に人間存在が状況とのかかわりを脱却してはありえないという、構造的な、状況的存在性である。次に、ヤスパースにおいては死、争い、受苦、負い目の四者が限界状況として挙げられる。彼が状況について語るさい限界状況を強調するのは、その壁にぶつかって主体が挫折して超越者との関係に導かれることへの伏線があるからである。超越者に触れることを敢えて拒むサルトルの場合には、状況の特別の限界が積極的に語られることはなく、問題は主体―状況の関係に集中され、死もまた生と共に主体が自由に選びうる選択肢として扱われる。そこでは、実存的自由とは、最後的にはみずから死を選ぶこともできる自由なのである。だが、生か死かというどたん場で選びとられた生は、もはや単に受動的な所与としての生ではなく、限界状況としての死に直面して、たえず死を生の自覚のうちにとりこんでいる生だともいえる。

時の充実としての瞬間

実存は人間の自己主張と自己否定を両契機として成立する。あるいは存在＝生と、無＝死がその両契機であるともいえる。死を考えることと生を考えることとは表裏の関係にある。時間的に現存在の終末である死がまだ来ていない生の現在において、死を先取りし、生を死に直面させることによって、生はその充実した意味において生きられる。いま生まれて、いま死ぬという凝集された仕方で、現在の生の瞬間が充実した生を求める。明日に期待することが許されぬ切迫性で、為されるべき事は今日の生で為されなければならない。そこには、明日に生を生にふさわしく生きるために、今日は生の条件づくりをするという余裕はない。少なくともそこには、「たとえ、明日、世界が亡ぶとしても、今日、私はリンゴの苗を植える」と言ってのけるだけの、今日において為すべきことを為している自己のあり方に関する充足の覚悟があるのでなければならない。

こうして生が充実するとき、時は充実する。そして時の充実と共に実存は現成する。それゆえ実存的な考え方では、時は完全に「現在」に集約される。時は過去—現在—未来と推移するのでなく、常にただ現在としてのみ時は充実した内容をもつ時である。過去においても現在においても未来においても、実存は常に「今」をのみその時としてもつ。この「現在」、この「今」を、キルケゴールは特別の概念として「瞬間」と称した。未来と過去とが現在において共にその時の意味を実現するのが「瞬間」で、それゆえ瞬間は時における永遠の顕現点であるとされる。これは、神が人間イエスとなって時のなかに出現するとか、ロゴスの受肉とかいわれる逆理（パラドクス）が、それとして啓示の意義を果たすという含蓄をもっている。こうして生活の時間は、実存的には瞬間という非連続の時の連続を意味する。キルケゴールは、ややもすれば青年は希望において未来の時を、老人は追憶において過去の時を、幻想的に美化しつつ生きて、現在の現実から逃避することになりやすいと警告する。実存は現在においては現実を希望における未来と追憶における過去を現在に引きこみつつ生きるのである。このような瞬間としての時の理解にあっては、死もまた単に未来の時にのみあるものでなく、前述のごとく現在の時における契機である。現存在としてのみ生存して実存として生きているのでなければ、生ける屍にすぎず、その生は「空の空なるもの」であるという顧みに耐ええず、ひとはそこで真の生きがいの感じられないことを歎く。死という個人の終末の場合と同様、世界と歴史とに関する終末論も、その悲観的であるか楽観的であるかを問わず、時の未来における事としてよりも、むしろ現在の現実に内在する出来事として、実存的にはその意義をいっそう強力に発揮する。従って歴史という概念も、ここではもはや連続する時の経過とともに必然的に残された客観的な足跡ではなく、人間が自由において創出し生成する出来事なのである。死も終末の審判も地獄も足下の現在にあり、同様に生も終末の希望も天国も現在にあるのであって、その現在における実存的決断が歴史を創り、実存を現成させるのである。こうした意味の実存的瞬間は、古来「一期一会(いちごいちえ)」と言いならわされてきた言葉における「一期」に通ずるものをもつ。

争い・受苦・負い目

死と共に限界状況に挙げられる「争い（闘争）」「受苦（苦悩）」「負い目（責任）」の三者は、容易に察知されるとおり相互に密接な連関をもつ事柄で、その中軸に「争い」が位置する。この状況に照明をあてるために、そして望めることならそこから派生的に思い合わされて然るべきおろそかならぬ諸問題への通路を提供するために、カルネアデスの思想について一言しておこう。

ローマ時代のアテナイのアカデメイアの学頭であったこの哲学者は、「カルネアデスの舟板」で知られている。難破船の一枚の舟板をめぐって、漂流する二人がそれに取りすがろうとするとき、そしてその板の浮力が二人を救うには足りないとき、人はいかなる態度をとるべきか、あるいは自分がその板を独占しようとし、争って勝って生き、相手を死にいたらしめたとしたら、その行為は不当であるか、また罰せられるべきか、という周知の問題である。これは自己保存本能と良心や愛や正義との対立として倫理的論議を呼び起こすと共に、法的には生存権、緊急避難の正当防衛論、さらにはその延長上で抵抗権や革命権にまで通ずる考え方に道を開く問題で、人肉嗜食などと同様に極限状況における行為の是非を問う問題として今日なお生きている。しかし、彼がこれを問題として提起した意図は、生死にかかわる絶対的選択を迫られた場で選びとられるどちらか一方の行為を是とし、他方を非とする論説をなすことではなかった。それは彼がローマでおこなった講演の事実からも明瞭である。そのとき彼は、第一日に正義を擁護する堂々の論をなし、第二日には正義がいかに愚かしいものであるかをこれまた反論の余地ない見事さで論じるという奇抜で皮肉なことをやってのけたと伝えられる。要するに彼の意図は、世にあって生きる人間の現実が自己保存本能と良心・愛・正義との対立のどちらか一方によって成り立ちうるほど単純ではなく、従って事はすべて相対的に理解されるべきであり、今日的に解すればその両方の葛藤と緊張の状況的行為としての理解が要請されるということの例示であった。彼は、正しさと賢さが必ずしも両立しないことを強調したし、この世の法も秩序も不法や不正の要素ぬきにはありえないことを説いている。

われわれはここで、「獣にもあらず天使にもあらぬ」人間の栄光と悲惨を見たパスカルを思い合わせることができるし、武田泰淳の『ひかりごけ』の船長が、「私を裁く資格があるのは、その人の肉を私が食ったその人だけだ」と言う声を聞くこともできる。だが、ヤスパースのいう限界状況にそくして考えれば、あらゆる形での生存競争の「争い」に勝ち残った結果としてのみわれわれは現にこうして生きているのであり、その限りでわれわれの現存在は他者の犠牲と奉仕の上に成り立ち、従ってそれに対する「負い目」を免れないということになる。そして「負い目」を「責任」という言葉で解すればいっそう明白であるように、その負い目には直接・間接のそれがさまざまにあるほかに、個人あるいは集団を単位として法的、政治的、道徳的、形而上学的に、それぞれの問われ方をする負い目が多様に存在する。また「争い」が余儀ないところでは、優者においても何がしかの、劣者においては時には致命的なまでの、「受苦」が不可避である。自然災害や病気や事故による受苦も、「争い」に準ずるものの招来する結果と解することを妨げるものではない。サルトルの場合にも、すべての対他関係が基本的に「争い」の関係として捉えられている。このように人間の現存在の基本状況としての「争い」が免れえない必然であるところで、人間の実存は自由の行使としての「愛」「交わり」「共同存在」の現成のうちに見られる。それぞれ異なる思想的個性をもちながらではあるが、ヤスパースはそのことを「愛しながらの争い」としての「交わり」という言葉で表明し、サルトルは各個に食うか食われるかの相互関係にある者同士の共同存在・連帯の可能性を論じ、かつそのために挺身する。その事情を次に窺うことにする。

所有と主体性

初めの方で触れた「疎外」とここで取り扱う「自由」とは表裏の関係にあるが、この関係は「所有」をめぐっての主体相互間の争いの事態と見ることが、理解を容易にするように思われる。古代にあっては所有は存在と一体化して考えられていたようだが、その後はこの一体化が希薄になり、哲学の場で所有は存在や認識や価値ほどには主題的に論じられることなく過ぎてきた観がある。そして、近代市民社会の形成過程で、人権や人格の擁護論と共に、また他方では所有が直接それにかかわる財産をめぐる経済的関係が社会関係や人間関係に対してもつ意義の重大性が増大し、かつ認識されることによって、所有論が哲学的にようやく復権するようになったといえよう。ヘーゲルにその顕著な例を見ることができるし、彼の「精神の疎外」論から、さらにはキルケゴールの「自己の疎外」論、マルクスの「労働の疎外」論というふうに、そこでそれぞれに自由なる人間の実現をめざしつつ問題が所有と主体性をめぐって展開されるのを見る。疎外（alienation そのドイツ語としての Entfremdung）とは、字義的には「譲渡」を第一義とする。そして譲渡とは、所有物の移譲であり、その物の所有権を移動させ、その結果、もともとその物の所有主であった者がもはやその物の所有主ではなくなることである。そこには、所有物の所有主としての主人性・主権の意味に通じる主体性の喪失が生じている。もともと自分の物であって然るべきものが今は他人の物となっているならば、これも疎外であり、もともと親近であった、あるいは親近であって然るべきものが疎遠になっているなら、この場合にも同じ言い方が可能になる。ところで、こうして他者の所有に移るものが自分にとって偶有的な属性、どうでもよい類の瑣末なものであるならば、むろん問題はない。しかし、それが自分の実体、それなくしてはもはや自分が自分でなくなるような自分にとっての貴重な固有の財産であるならば、そのような譲渡はあるべからざることであり、譲渡がなされているなら原状復帰が課題となる（ちなみに「実体」と訳される語は、それが意味の上で重なる関係をもつところからカテゴリーとしての「基体」ὑποκείμενον の意味の Substanz として言いあらわされるに先だって、ギリシャ語の οὐσία の原義としては「財産」それも固有財の意味で Eigentum, property と言いあらわされて然るべきだと聞いている）。そして疎外論が取り立てて論議を呼ぶのは、それが人間疎外にかかわる人間論だからである。例示したヘーゲル、キルケゴール、マルクスの疎外論も、それぞれに人間の人間たるゆえんを、すなわちそれが失われることが非人間化となるような人間としての固有財を、あるいは「精神」とし、あるいは「自己」とし、あるいは「労働」と観ずるところから、疎外の克服を人間の回復・復権として課題としたものであった。

所有をめぐる争いが基本状況をなすことを主体性との関連で明示し、しかもそのことを人間的意識の構造上の限界でもあるという前項で触れた事柄にそくして論じるものに、「まなざしの論」というか「見る・見られるの論」というか、サルトルの所論があるので、それを考えてみよう。「まなざし」にはむずかしい要素があり、まじまじと正面から見つめるのは、「見すえる」という語にも通じてしばしば失礼なことであるから、視線のおきどころは礼法のかなめともなる。眼（がん）をつけたのつけないのが因縁を吹っかける材料となりうるゆえんでもある。見られることが「羞恥」を呼びおこす方向で、サルトルの場合にも論じられる。「羞恥」には迎えたがる意向と拒みたがる意向との複合的共在があり、これは他者の「まなざし」にも冷たい敵対的なそれと暖かい友好的＝庇護的なそれとがあることにも絡むことがらであるが、サルトルの場合、自他の関係が基本的に相剋としてとらえられることにもとづいて、他者の「まなざし」は冷たい敵対的なそれとして解され、そのもとでの「羞恥」も拒みたがる意向を表だたせたものとなる。メデューサのまなざしに出会うと石に化するという話があるが、これも他人の視線の下で身のすくむ思いをするのと無関係ではないだろう。私がどういう者であり何を思っていようとも、その自覚とは無関係に、他人の視線は見たいようにしか私を見ない。私がどう見てもらいたいと望んでいようとも、私の望みどおりに見てくれるわけではない。私がどう抗弁しようとも、それを是認ないし否認することをふくめて、やはりその人はその人の見るとおりに見るのであって、それを私はどうすることもできない。視線は見る側に絶対的な主権を与える。見る者と見られる者との関係においては、見る側の者が主人で、主人としての自由をもち、視線において見られる側の者を所有する。見られる側の者は、見られる立場の限りでは、見られることによって対象化され、客体化され、物化され、主人の意のままになるしかない者という意味では奴隷化される。こうして他人の視線のもとで完全に所有され、自由を奪われ、主体性を無視ないし拒否されていながら、唯ひとつ私に出来ることは、同じように視線をもつ人間として、相手を見かえすことである。

　ここで注目すべきことの一つは、他人がその視線において自由にとらえ所有した私を、それが私だと私は甘受すべきであり、他人の目に映じた私以外に本来の私なぞというものはないのだと覚悟すべきであると、サルトルがそう考えているらしいことである。それというのも、私が願望に属する部分をふくめて固有財における私を発現してこそ私は私として実存することになるのであって、それは私の言葉・態度・行動を通じて他人の目にもあらわになるほどにあらゆる対他関係の場で実践的にそういう私を外化することにほかならないから、それと無縁な形でいわゆる「本来の私」や「内なる私」や「真の私」を主張するのは空疎で卑劣な逃げ口上にすぎない。こういう考え方を窺わせるものがサルトルの記述のここかしこに見えるからである。いま一つ注目すべきことは、ここで「見る・見られる」をめぐって個人と個人との間柄で考えられていることが、社会関係にも同様に通用するということである。家庭・学校・職場などあらゆる社会関係のうちで、一人の人間はさまざまの役割を期待され、かつ演じながら生活しているわけだが、それぞれの関係にあってはそこでの役割と立場においてのみ「見られ」て、その人をまさにその人の具体的な全体において、あるいはその人をその固有財において「見てくれる」ことはほとんど期待されえない。今日の社会は、その機構の中で有用などんな役割を果たす能力・機能をもっているかという見方でしか人間を見ない。そのように「見られる」ことによって、人間は機能化・物化され、そう見る側によって支配され、みずからの主体性を奪われ、そこで人間疎外が語られる。また、そのように「見られる」状態に随従し埋没するところに自己疎外が語られる。みずから「見る」ことをなし、この「見られる」状態のうちにあってそれを見かえすことが、疎外克服と主体性の確立の道となるゆえんである。もっとも、「見られる」は、良心の問題とも関連して、神や超越者から「見られる」という考慮でいっそう立ち入った考察の対象ともなるし、ヤスパースが「限界」という言葉を用いるときの考慮には、それが実存と超越者との出会いの場となりうる含蓄があるが、その点の考慮がサルトルでは退けられている。

ヤスパースの限界状況に相当するものが、サルトルでは「見る・見られる」状況に集中して考えられている。従って、連帯や共同、またそこにおける愛や正義を期する場合にも、この厳しい「見る・見られる」における所有・被所有の対他関係が解消するわけではなく、その争い・受苦・負い目をかかえながら期せられ、実現されることになる。一方に相互の争いの契機を有しながら、他の契機によって共同性は成り立つのであり、サルトルは相争う両者を一括して「見る」第三者の存在のまなざしを自覚することが、両者の共同性成立の契機であると主張する。内にせめぎ合う者たちが共同の外敵との争いで協力しうるというあの論理である。第三者の「まなざし」が、たとえば親鸞における「弥陀のまなざし」のごとく絶対的な庇護・救済としてでなく、逆に敵視と受けとられるところにサルトルの思想の無神論的個性を見ることができる。

自由における自己拘束

近代ヒューマニズムの特質を一言でいえば、人間の主体性の擁護である。人間みずからが人間の主人としての自由をもち、自主、自律、自治などあらゆる面での自己決定性を確信し、それを保障する方向で、近代の歩みはなされた。万有の創造者でありかつ主宰者であるとされる神からの離反、そのような神を否定し、そのような神から解放されることが、人間の自由化の第一歩となり、それは人間各個の個体的主体主義の原理を育てた。しかし、その反面、神を失うことで人間自身が全自然における主権者となり、かつての神の座につくという結果が生じた。こうした近代の決算が現代の課題となっている。実存の思想は、近代の貴重な遺産である人間ひとりひとりの主体的自由を継承しつつ、その自由において、むしろ自由の行使に関して具体的に示される主体の現存在としてのあり方に問いを向け、自由なる主体そのものへの問いを通じて、人間と世界との新たな創出に向かう。現存在としての人間は所与であり、神の所与とされるにせよ単に自然所与とされるにせよ、それに制約されてこそ現存在でありうる。それゆえ、現存在の自己主張としての人間の自由には、限界状況という基本的制約に加えて、遺伝および自然的・社会的環境によるさまざまな状況的制約がある。そして、この自由は生存権、基本的人権、市民的諸権利等によって保障されることを求めることになる。しかし、実存としての人間の自由は、その現存在に対して主体として立ち向かい、否定をふくめて現存在を主体的に取りあつかう自己実現の自由であり、従ってここにはいかなる状況的制約もない。実存的自由は、人間である限り誰もがいつでもそれをわがものとなしうる自由であり、いわゆる「随所に主となる」自由である。しかも皮肉なことに、この自由は、平穏に生存が営まれ、市民的自由が謳歌される状況においては眠り、生活が危機に瀕したり強制収容所的事態のもとにおかれたりするところでかえって目ざめうる条件をもつ。これについては「ナチスドイツの占領下でフランス人は最も自由であった」という逆説を提示するサルトルの「沈黙の共和国」と題する小文（評論集『状況』所収）が最もよく示してくれる。

実存的自由は自己創出の自由である。つまり、具体的には、私が所与の状況のもとで、一身の存否をふくめていかなる言動をなす私自身を実現するかに関する自由である。それが対他・対世界関係の場に立ち現われる姿における自己関係であることは、くどいほど前に述べた。この自由において決断的に選びとられる自己に関しては、その責任のすべてが主体たる自己自身に帰せられる。責任の重さは、選択と決断と自由そのものの、ほとんど耐えられない重さであり、不安におののかせる。しかも、絶対的な真を知りえず、真と見たものを実行しぬく意志にも力にも十全性を期しえない人間の所行として、それが実存の営為なのである。その自覚が人間自身を究極的なみずからの主人となしえぬ境位にみちびくところでは、自己を超えるものへの応答(レスポンス)を自己の主体的選択における指針とする考えを生む。応答は、宗教的信仰の持ち主における神への応答や、「一切衆生悉有仏性」観的な仏性への応答、さらには存在への応答、他者への応答に及ぶ。たとえば野の草の存在を呼びかけと受けとめて、それに答えるにその名を呼ぶことをもってすることで存在する者同士の交わりを語る詩人リルケも、「我と汝」の相互主体的関係を説くM・ブーバー(M. Buber, 1878〜1965)も、あるいは生産のあるべき姿は素材としてのそれぞれの物がその特質(固有財)において呼びかけているものに応答する関係での働きかけだという中岡哲郎氏の「労働」解釈なども、これにふくめて考えられるべきである。「生命への畏敬」や「存在の神秘」などの語で言われようとするものも、自由なる主体としての人間実存がみずからの存在に対して真に責任をもとうとすることが、それぞれの他者と世界の全体に対して責任をもつ(応答する)ことと別事ではないということを示すものと解される。

いいかえれば、自由において実存がそのつど選びとる自己は、選択の必然として、もはやそれ以外ではないその姿の自己にみずからを拘束するという逆説的構造を有する。歴史的存在として特定の状況のもとで、他者と世界とに対して特定の役割を演ずる自己を、自己がみずからの責任においてあえて選ぶわけだが、実存の主体的なこの自己拘束(アンガージュマン)が、サルトルにおいては、現代において人間生活に格別重大な影響を及ぼす政治を顧慮しつつ、政治参加の含意で語られ、従ってまた直接経験の域を越える世界状況を人間的感覚にもとづく想像力によってわがものとすることの必要性とともに語られる。だが、このアンガージュマンがそのつど新たな状況のもとで自由に為されえんがためには、先だつアンガージュの結果の行きがかりに捉われることなく、ひとたびそこに拘束した自己からの離脱、自由なる自己の請けもどし（デガージュマン）が不可欠である。デガージュマンは実生活では変節・背信・裏切り・非一貫性となることをなしとしないから、アンガージュマン以上に勇気を要するが、自由のためにはこの代償が不可避である。

　最後に一言、実存的主体性の主人としての自由なふるまいは、右のごとき関連の自覚のもとでは、あたかも客人をもてなす主人のそれであろう。主人の支配は、客人への奉仕のためになされ、客人のために役を果たすことに向けられるし、奉仕とはイエスが弟子に身をもって示したごとく弟子の足を洗うことであり、パンを求める者に石を与えることではないからである。

ことばを使う奴＊「ことば」とサルトル

もう幾年か前のことになるが、森崎和江氏が『朝日ジャーナル』にこんなことを書いていた。筑豊炭田が廃滅に追いやられ、あれは確か大正炭鉱の離職した労働者の生活再建の活動過程での出来事だったと記憶するが、彼女の記述によると、或る夜、ひとりの労働者が酔って彼女の家に現われ、出刃包丁をつきつけて「ことばを使う奴は、死ね！」と喚いたというのである。その言葉に託されているもの、その言葉を伴うその行動によってしかおのれをあらわすすべを知らぬその男の心にあるもの、それが彼女にとって衝撃的だったからこそあの一文も書かれたのであろうが、私にとってもこの情景におけるこの言葉はきわめて衝撃的で、今もって忘れられぬどころか、事あるごとにそこに回帰して考えるようになっている。

そして、その局面でいつもまず私の前に立ち現われるのが、サルトルである。ことばを学び、ことばを用い、ことばで考え、ことばで為し、ことばで作り、ことばそのものを増殖し、それによってさらに考え、為し、作ることを繰り返し、総じてことばと共に生きる人間の栄光と悲惨とに対する感覚を、最も鋭敏に身にそなえて、ことばの問題が人間の問題のすべてであるまでにことばに対して厳粛であったのが、サルトルの場合だったように私には思えるからである。彼は、キリスト教のように、ことばを神に帰することを拒んだ。また、われわれ東洋の者には、実際にそうなりうるかどうかは別として、少くとも観念的には身近に感じられることとして、ことばと共に生きる人間であることを放棄して、「無為自然」における人間的生を生きることが考えられるが、これもまた彼にはまったく無縁な道であった。ことばをもってする思考と作為のみが人間的であることに彼ほど自覚的に固執した者も少いのではあるまいか。ことばは、サルトルにとって、人間の自由を証（あかし）する力であった。それ自体が権力でもあった。文化を創造する人間の権力であった。この権力が悪となりうること、自由の名において抑圧がなされ文化の装いのもとで野蛮が横行すること、それを否認するほど彼は手放しの進歩主義者でも楽観論者でもなかった。だが、断じて悲観論者ではなかったから、楽観的でありえない分だけ戦闘的に既成否定の自由の歩みとなったし、これはまたことばによって担われた。この意味でサルトルは、近代西欧的知性の良き意味における典型であったといえよう。

かの労働者の怒りと恨みの爆発は、聞こえのよい建前のことばを信じて裏切られたことに発するのであろう。その裏切りをなした「ことばを使う奴」が、政府であるか会社であるか、それとも仲間だったはずの者であるかはもはや問題ではない、ことばを使う奴である限りにおいて同類であり、彼にとってはひとしく敵にすぎない。しかし彼の敵である「ことばを使う奴」は、同時に、法律、道徳はもとより、学問的知識や言語慣習をふくめて、およそ制度化されて何ほどかの規範性をもち説得根拠とも支配根拠ともなりうる文化の総体を領導する者一般に拡大されて理解されるのでなくては、真意に遠いように思われる。彼が「ことばを使う奴」をみずからと区別して敵と見なすとき、彼が反体制であるという意味では、いわゆる体制も反体制もひとしく体制であり、彼に敵と見なされることを甘受せざるをえない。サルトルはこれを甘受する覚悟で、あえて「知識人」を自負する。かの労働者の「ことば」に対する死をもってする挑戦を受けて立つことが、知識人の責任にほかならない。知識人とはことばの自覚的な擁護者のことだからである。だが、このような知識人論はサルトルの生と思想の核をなすものを最もわかりやすい形で示すものではあっても、その核に結集されるサルトルの豊かな全容は、やはり、小説・戯曲・評論・哲学論文その他諸般の形式を包括する「ことば」の営為の総体としての彼の「文学」に見られるべきであろうし、対自存在たる限りにおける人間にとってのことばの運命的な重味もそこに見られるはずである。というのも、知識人論に限って見るなら、その前提ともいうべき衝撃をポール・ニザンの「アデン・アラビア」の発見にも見いだすことができるし、異なる形での展開をシモーヌ・ヴェーユにも見いだすことができるからである。

かの労働者の言葉は、われわれの知りうる歴史の初めから今まで、そしておそらく未来も、「ことばを使う奴」によってかの労働者たちが、あるいは「より多くことばを使う奴」によって「より少くしかことばを使えない者」が、鼻面（はなづら）とって引きまわされる歴史でありつづけることに対する衝撃的な異議申立てのようにさえ聞こえる。そして、かく記す私自身が前者の側に身をおくことをまぬがれず、しかもサルトルのごとき果敢な責任意識というよりは、むしろうしろめたさに伴われた負い目の意識が先立つとしたら、神にことばを帰せしめるか、ことばを棄てるかにしくはないであろうが、それでもなお生きてことばが手もとに残る限りは、サルトルが眼前に存在しつづけることだろう。

Ⅲ　自由な生のための覚え書

1 生成における人間とその思想 「現在性」のカテゴリー

ここに提起するものは、実存の思想が訴える主体性主張の真理契機を、客観主義思想における客観性主張の真理契機との関連において見さだめるためのひとつの試みである。そして、さしあたり、ヘーゲルに対する抵抗として生じたキルケゴールの思想を念頭におきつつ、人間をふくめて世界が不断に生成しつつあることと、それゆえその世界での人間のもちものとしての思想もまた不断に生成しつつあることを軸にして考察することにより、思想一般に「現在性」の規定で照明をあたえてみようとするものである。

一　必然における生成と自由における生成

ひとしく「生成」を重視し、その内容を弁証法的に理解しながら、ヘーゲルとキルケゴールとではいちじるしくその概念を異にしている。したがって、生成によって現成する「歴史」の概念も、両者ではまったく異なっている。存在を不動の本質存在において注目するのでなく、生成変化のうちにある現実存在において重視した点で、一応、両者は共通している。また、可能性から現実性への移行としての生成という表現においても、その生成が可能性の否定的契機を通じての統一としての現実性の実現であるという弁証法的理解においても、両者は共通している。しかし、ヘーゲルに学びヘーゲルの表現を借りながらその表現にいちいち別のものを托さざるをえなかったキルケゴールの思想的特質が、キルケゴールをしてヘーゲルのそれを「量の弁証法」、みずからのそれを「質の弁証法」と呼ばせるにいたる。図式的には、ヘーゲルでは可能性は必然的に現実性に成るのであり、その生成は必然におけることで、現実の生成の連続はすなわち歴史と呼ばれてよいものであった。自然においても、社会においても、人間においても、一律に生成をそのようなものとしてとらえ、人間の歴史も社会の歴史も結局は自然の歴史のなかに、そしてその総体が精神の歴史として統一的に理解されることを許している。そして、世界観といわれるものを人間にもたせるこの統一的理解の図式は、ヘーゲル流の世界精神の理念の自己実現という信仰をのぞけば、そのままマルクス主義にも見られるし、のみならず一般に科学とその客観性における真理主張をおこなう客観主義の立場でひとしく受けとられているることである。事実また、ヘーゲルもいうごとく哲学が学であり、学であるからには体系知でなければならず、したがって少くとも目標としては世界のあらゆる事象についての全体知の体系をかかげてのみ学的努力はなりたちうるであろう。この意味で客観的真理たることを唯一の真理の条件とし、単なる主観性にとどまるものを拒否することも学としては当然であろう。しかし、主体性主張のうちに真理契機があるとすれば、それが客観性の次元ではもはやそれをそれにふさわしく遇する道をもたない場合でも、学は学としての姿勢で立ちむかうことをせずにはいないだろう。そして、そこでの挫折として受けとめる態度は客観主義である限りにおいて学の持ちえぬものであろう。挫折が挫折として受けとられないところに、正当な出会いはない。実存の思想は学との関係において、過去においても、しばしば不幸な出会いかたをしたし、現在もほとんどそうである。しかし、学がそうであるからこそ実存の思想も生まれたのであって、そうでなかったらそれは生まれもしなかったともいえるであろう。そのような学、すなわち客観主義である限りにおける学、それが「科学」の特質であり、本来からいえば人間の持ちものである科学が人間に対して疎外の関係に立つようになったとき、そして「哲学」が「科学」に呑みこまれるにいたったとき、科学の疎外の回復にたちむかうものとして実存の思想がそのようなものとして哲学の領域に登場し、科学と人間との関係を正常に位置づける哲学的課題をそなえ、科学的立場からの内在的批判の不可能な場所での科学批判をもなしうるものとしての哲学を確保する役をになったといえよう。キルケゴールのヘーゲルに対する抵抗の重要な要素も、そして実存主義ないし実存哲学といわれるものが現代思想のなかで訴えて或る程度の反応を得た意義もそこに認められていいだろう。

現存在（定在）としての人間が、物的存在として自然法則の支配をまぬがれず、社会的条件によって規定されることを否定する者がないと同様、物的存在でありながらも人間は特有の意識的・理性的存在として特有の仕方で自然に対しても、社会に対してもはたらきかけ、そのことを通して人間自身にも作用をおよぼすものであることを否定する者もない。何によってそのように措定され規定されているかはとにかく、基本的に現存在として規定されたところで人間がみずからをそのように規定した力をはじめとして自分以外のいっさいの他者に対して逆にはたらきかけるそこの相互作用は、ヘーゲルにおいてもマルクス主義においても承認されていることであって、規定作用における人間の側からの主体的作用面をいうのはキルケゴールや実存的思想家だけのことではない。しかし、それが人間の主体的はたらきかけであろうと、他の人間・社会・自然の側からのその人間に対するはたらきかけであろうと、作用としてのかぎりにおいておなじ範疇において一律にとらえる理解が、前述のヘーゲル的図式に見られる生成の論理をなしている。他のすべての作用と、そこで実現される現実性については、キルケゴールは何も言わない。ただ、人間が自分自身に対してはたらきかけるその作用と、そこで実現される現実性が、ヘーゲル的図式で一律化された生成の論理にはなじまないこと、いやむしろまったく反し、客観的法則化に抵抗する事実であることを指摘し、その指摘点を独自の論理で解明することによって彼は客観主義的論理の人間支配に抗議する。現存在としての人間がそのようなものとしての自分自身にかかわること、これだけが彼の論理の場であるが、そこでのキルケゴールの図式では、可能性は自由において現実性に成るのであり、その生成は自由におけることで、「生成」の語は自由において実現される場合にかぎってもちいられ、「歴史」の語もまた自由において生成したことに限定してもちいられる。いいかえれば、人間の、というよりは人格の、内的生成のみが生成であり、内的歴史のみが歴史とされる。用語法として一見きわめて恣意的のように思われるが、生成の語がそもそも他の運動変化とちがって位置の変化や外形の変化ではなく、存在の質の変化をとらえて表現するものであり、それゆえに可能性としての存在の質から現実性としての存在の質へと移行することを生成と表現することがヘーゲルにおいてもキルケゴールにおいてもおこなわれたのであったが、キルケゴールの理解によれば、ヘーゲル流の可能性から現実性への移行は実は同一質内部での量の変化にすぎず、およそヘーゲル的図式の妥当する自然における、社会における、また人間における変化は生成の名をあたえられるにふさわしい質の変化をもっておらず、したがって生成と区別して単に変化とのみ呼ばれるべきだというわけなのである。そして、ヘーゲル弁証法を量の弁証法と称し、みずからのそれを質の弁証法と呼ぶこともこのことに由来するが、キルケゴールの意図にそって考えるならば、マルクス主義の唯物弁証法もやはりまちがいなく量の弁証法の規定を受けることになる。だが、ヘーゲル的図式における可能性、現実性のカテゴリーをいずれも同一質内部での量の変化だと規定するキルケゴールの論拠は、どこにあるのか。そしてそれは可能性↓現実性の移行をヘーゲル的に必然のカテゴリーで受けとめるのと、キルケゴール的に自由のカテゴリーで解するのとどうかかわるのか。

これを解く鍵が「実存」である。すなわち、人間のありかたとして現存在（Dasein）と実存（Existenz）とをカテゴリー的に区別し、ヘーゲルの関知しなかったこのカテゴリーをもってキルケゴールは人間存在の現実性を理解しようと試みたのである。現存在（Dasein）は現（da）として時空的に具体的に規定された現象存在であり、本質存在とくらべればすでに現実存在である。そして現存在としてのかぎりにおいて人間も他のすべての物と同様に一律の客観的法則の支配下にある。だから、ヘーゲルの客観主義は様相カテゴリーにおいて可能性→現実性の生成を必然としてとらえるとき、その図式は人間にも動物にも植物にもその他のあらゆる物体についても一様に妥当するものであって、人間が特別あつかいされるわけではなく現存在一般が一括してあつかわれているのであった。いいかえれば、ヘーゲルにおいては可能性→現実性の生成といっても現存在という規定の内部でのことであり、現存在としての可能性から現存在としての現実性が生成することを意味し、それが必然的展開としてとらえられたのであった。しかし、キルケゴールの関心に即して現存在に対し実存が新たにカテゴリーとして立てられると、実存と現存在との質的差異にくらべては、現存在の内部でのヘーゲル的な可能性・現実性というカテゴリー的区別は、第二次的なものとならざるをえず、現存在という同一の質の内部での第二次的質的差異として位置づけられることになる。これを現存在と実存とに関して図式化するなら、ひとしく可能性から現実性への生成という表現がもちいられながらも、ヘーゲルにおいては現存在としての可能性から現存在としての現実性への移行が、そしてキルケゴールにおいては現存在から実存への移行が考えられている。キルケゴールは現存在としての可能性から現存在としての現実性への移行に関するヘーゲルの論理を別に拒否するわけではない。しかし客観主義的にそれをもって一切を律し、それだけですべてであろうとすることを拒否し、それとは別に人間は現存在であるかぎりにおいてそれが妥当する面をもちつつも、それだけでつくされるものでなく、現存在から実存への生成という課題をもち、その生成の実現においてのみ人間の現実性は本来的な意味で確保されるとし、そこに新たに「実存」概念が思想史の場に登場する。それが、こんにち周知の「実存」的人間理解を要求するキルケゴールの問題関心の産物であることはいうまでもない。

かくして、人間をふくむ現存存一般における可能性↓現実性の生成と、とくに人間に関してのみ問題となる現存在↓実存の生成とを対比するとき、前者が必然における生成とされ、後者が自由における生成とされることの格別の意義が明らかになる。前者においても後者においても、その生成は弁証法的であるとされ、その生成にそれぞれ否定的契機を有している。しかし、図式ですでに明らかなように、前者では否定を通じて生成において実現するものがやはりひとつの現存在であるのに対し、後者では現存在そのものの自己否定としてそこに生成するものはもはや現存在ではなく実存というものである。しかし、実存を関知せぬ前者の地平で見るかぎり、現存在が現存在でなくなるとは非存在になることでしかない。だが、実存になることが現存在でなくなることだということは非存在になることを意味しない。それは、ただ現実性の内面性獲得を表現するものにすぎない。だから、一見、現存在の概念を混乱させるかに見える後者の地平で、混乱の危険をおかしてあえて何事かが語られねばならぬということは、その何事かが語られるかぎり概念混乱の危険をおかさずにはすまないということとともに、内面性の地平が現存在としてのかぎりにおける存在の地平と決して同一地平に還元されえない性格のものであることを示している。そして、ついでながら、ことばと論理とはひとまず現存在としてのポジティフな存在の地平のもちものであり、であるからには、内面性がそれだけ独立しては存在しえず常に現存在に寄生的に成立する関係にあるのとおなじく、内面性のことばや論理もまた常にポジティフな存在の地平におけることばや論理に寄生しながら、しかもそれにネガティフなかかわりをもって出現するしかない運命をもつもので、内面性にかかわるものが常になんらかの逆説的・逆理的表現においてなされるのもこのためである。

二　現在性の立場

内面性がこのようなかたちで問題にされざるをえず、そこから実存が問われざるをえなくなるについては、ひとしく現実を生成過程において受けとめながら、とくに人間の現実について、その現実をどのような関心で受けとめるかという点でヘーゲルとキルケゴールとの間に大きなちがいがあったことを考えさせられる。すなわち、人間の現実を現存在のカテゴリーにおいて理解してそれですますことのできたヘーゲルに対して、人間の現実については現存在としてのカテゴリーのほかに実存のカテゴリーを設けてそこにはじめて人間の現実性を考える場をもったキルケゴールのばあいは、現存在としての人間の現実に、ヘーゲルが知らなかった、あるいは無視することのできた特別の疑問が見られたのである。それは、現存在としての人間の現実を危機にあるものとして見たか否かの相違である。またそれは、直接的には人間についてであるが、間接には現存在一般について、それを疑問視する視点をもつか、それともそれを単純に肯定する楽観的態度でむかえるかに関している。ことばをかえれば、時の経過のなかで不断に生成変化していく現存在を、そのものとして無条件的に肯定し前提とした場所でそれの生成変化の論理を求めるか、それともそのような現存在を意味において疑問視するものとのかかわりを積極的に求めるかのちがいであり、現存在の時間性のうちにとどまるか、その時間性を疑問視する視点をあたえる永遠性に対する感受性に積極的かかわりをもつかのちがいであるともいえる。その問いをとくに哲学の場で問わなかったという点で、ヘーゲルの哲学は現存在とそれに属する時間性に限られており、しかも時間性における歴史の進行は全体として楽観されている。だが、人間の現存在的現実を疑問視することを通じて、キルケゴールは現存在の規定である時間性を永遠性に対決させ、現存在一般を終末論的に受けとめる感覚をもち、これが実存的気分として積極的に哲学の場にもちだされることになる。

ヘーゲル的な現存在内部での可能性のカテゴリーとはまったく別に、キルケゴールでは現存在そのものが実存の可能性としてカテゴリー的規定をあたえられ、しかも可能性の単純な自己実現により（もとより否定的媒介の契機はあるにしても）現実性への生成が移行としてとらえられるヘーゲルのばあいと異なり、つまり可能性であることをやめ不可能性となることによってはじめて、実存たる現実性になる。だから、キルケゴールにあっては、この生成は客観的な必然に即しての単純な移行ではなくして、主体的な自由における決断で飛躍的におこなわれる。すべてこうしたことが考えられる土台にあるものは、前述の、現存在としての人間の現実を疑問視し危機的存在として受けとめる感覚であり、それを退けえないものとしてそれと積極的に取り組もうとする関心である。キルケゴールが現存在としての人間を「絶望」と規定し、実存としての人間を「絶望から癒やされたもの」とするのはこのことのあらわれである。客観的に、それまで絶望と見られていたものが絶望を要しないと見られるものに移行したり見かえられたりするのでなしに、主体的に、絶望している者がもはや絶望を知らぬ者に生まれかわるのが、ここでの生成である。絶望は、みずからの現存在（生存）に決定的な場で意味を見いだすすべを知らぬところにある。

人間の現実についてキルケゴールによってこのように絶望と名づけられることを、さらに追っていくと「現在性」について考えることにみちびかれる。しかも、この「現在性」こそ実存的自覚がそこで芽ばえ、育ち、そこのみに生きながらえる場であると共に、客観主義的真理主張に対して対話を可能にする場であるもののように思われる。現存在の展開の法則を求めることに終始する立場では、自然についても社会についても人間についても、それらの歴史が時間の規定のもとにある歴史であることは前に触れた。生成とそれによる歴史が、ここでは常に過去・現在・未来という規定のもとで、時間の経過と共に展開する。そこでは、現在は常に単なる現在ではなしに過去から歩み出て未来にむかって歩み出つつある現在、過去と未来との連続の環のなかに組み入れられてその環からの離脱が考えられることもできず考えられることもない現在である。客観的には、そのように理解されることのみが現在についての唯一の正当な理解であって、過去―現在―未来という時の流れの流れて止まぬものを停止させて現在を考えることは、空想的で無意味であるのみならず、誤った理解として打破されねばならぬこともちろんである。従ってまた、それが時間性の規定のもとでの現在の性格であるからには、その規定におけるものとしての現存在の現在性も瞬時もとどまらぬ時と共なる運動の過程にあって決して固定化されて理解されることを許されないものである。これを、それにもかかわらず固定化してとらえようとするあらゆる試みが形而上学的として退けられることも、まさにそうあるべきことである。

客観的事実として、現在はそういうものであり、その現在のものとしての現存在はそういうものである。しかし、人間存在の事実はこの客観的事実として客観的にとらえられるものであることを決してまぬがれず、その規定にあくまでも従属していながら、しかもそれだけでつくされるものではなく、別に主体的事実の地平をもっている。客観的事実を外的地平というとすれば、それは内的地平ということができる。それは客体化されて客観的認識の対象とされたとたんにその事実としての生命も意義も失ってしまうような内的地平においてのみ事実でありうる、主体の内面性の事実である。しかし、それは単に認識論上の主体と客体の関係における認識主体のごとく、主体が主体自身を認識対象としようとするときに当然おこる悪無限の困難とは性質を異にしている。いま、問題は認識としてでなく存在として問われているからである。存在の現実性として現存在という規定のもとですべてが考えられるヘーゲルに典型をもつ客観主義的理解は、それが現存在の内部にとどまって、現存在に対立する他のカテゴリーを立ててそれによって現存在が対立する一方のカテゴリーとされるような発想をもたぬということにおいて、そのような対立項としての無、したがってまた主体的決断による現存在の無化、人間存在における自殺の選びの可能性、などをそれにふさわしく問題にしうる場をもたず、その意味では現存在について、万有の真相が無秩序の混乱ではなく合法則的な調和であると信じるとおなじくらいすなおに、楽観的に存在を肯定する態度に終始していることを示すといえる。

だが、主体的事実としての人間存在においては、現在が単なる過去—現在—未来の連鎖中の一項と見られるものでなく、過去も未来もふくめて時間性全般が現在であるという規定をもつ。主体的事実としては過ぎゆく時々刻々のそのつど現在があるばかりで、人が生きて存在するその現存在は過去においても未来においても実はその過去なり未来なりのそれぞれの時点において現在であるものとしてのかぎりにおける存在である。人が主体として出会うのは、せいぜい想起において現在化された過去、あるいは希望において現在化された未来、要するにそのつど現在であるものをおいて他ではない。でなければ、出会いという同一時点においてのみ起こりうる出来事は成り立たないし、出会う相手のいないところでの主体はもはや主体ともいえないものにすぎない。つまり、人が自己の現存在にむかってその存在の意味を問い、自己の現存在に対する主体の関係に立ってそれへの主体的かかわりを問うという事実は、幾度おこるとしてもそれはそのつど現在における出来事であって、過去の一事実としてすまされたり、未来において起こるであろう一事実として現在から切りはなされたりできることではない。現存在としての人間はいかなる時点においてもたえずこの主体的関係に入る可能性においてあり、しかもその関係に入るとは現存在が問題視され、放任されることを許さぬ主体的なかかわりの対象とされることを意味するから、この主体的事実から顧みるとき現存在そのものが主体的関係に入るそのつど、つまりその関係が成り立つ場である現在におけるかぎり、常に人間の現存在は問われるものの位置にある。

キルケゴールが現在の主体的事実とのかかわりにおいてもつこの面をとりあげて、その疑問視される性格、より正しくいえば疑問視せざるをえない性格を絶望と規定したのについて、現存在そのものが決して合法則性にもとづく納得のいく統一的理解をあたえず、矛盾に満ちて不条理をいいたくなる関連のもとにあることからそれがなされたのであることとともに、かかる不満や疑問が現存在の右に述べた「現在性」との深い決定的な関係に立つことをも理解する必要がある。それは人が現存在の現在についてもつ不満や疑問を、希望において未来に、あるいは想起（追憶）において過去に、問題を時点的にずらせることによって逃げ場を求める態度を、断乎として拒むことの表明である。つまり、現在の問題をあくまでも現在の問題として受けとめ、決して未来への希望や過去の想起（追憶）によって逸らさないこと、それが「現在性」を絶望と規定させるものであり、この意味の現在性から人はその生の現存在の各瞬間においてまぬがれえないという覚悟の表明なのである。

三　自己同一性（私が私であること）を実現する自由

過去の想起（追憶）と未来への希望は、しばしば危険である。それが現存在の現在性を曇らせ、それに目隠しするからである。追憶のなかの過去の赤い花は、希望における未来の赤い花とともに、現在の赤い花より美しい。それは過去において実際にそうであった赤い花よりも、未来において実際にそうであろう赤い花よりも、もっと美しい。想起と希望とは、一方は過去の方向に、他は未来の方向に、現存在を美化し、理想化する。現在において想起と希望がありうる事実は、現在の赤い花がそれで十分満足できるだけ美しくも理想的でもないことを意味する。そしてその美化と理想化とは、現存在の事実認識を素材にイデー的に構想された創作である。現在の事実を基軸にして現在において創作的に再現されるこの想起の花・希望の花は、芸術的鑑賞品として貴重である。これはしかし文芸や美術におけることだけではない。理論的構想物としての想起の花・希望の花も、しばしば見事に赤く咲く。過去の方向では、歴史の始源においてすでに定められた「神の意志」「摂理」「イデア界」「自然の理法」等々として、想起においてとらえられるべき花として咲く。未来の方向では、おそらく歴史の終末において実現されるでもあろう「理想社会」、あるいは把握されるでもあろう「物質の自己運動」等々として、希望においてとらえらるべき花として咲く。いずれも美しく、ゆうに現存在の現在を慰めるに足るが、その実質はそれが信じられるときにだけ意味をもつような、客観的絶対知としての形而上学の体系である。理論的運針が縫うかたはしから糸を抜け落ちさせないためには、糸の末端に締めくくりの糸玉を作っておかなければならない。知的体系におけるこの糸玉が、それぞれの形而上学と、それへの信仰である。キリスト教的伝統に根ざす「神の摂理」の形而上学も、それへの逆背として対抗的に生まれた近代の「物質の自己運動」の形而上学も、その思想形態の実質から見るならば、まったく同質の客観主義の真理主張である。キリスト教的精神か、それとも物質かと、形而上学的原理とされるものの異質性があるだけで、両者の思想形態上の同質性は、そのキリスト教的精神の弁証法がそのままマルクス主義的唯物論に利用されることのできたヘーゲルの存在が実証している。

さて、この客観主義思想の真理主張は、過去の想起（根源への還帰）に根ざすか、未来への希望（目的への前進）に根ざすかの相異を越えて、過去・現在・未来を一元的に貫く法則的理解である点で共通している。したがってそれは、世界観として、過去・現在・未来を通観展望する視点に立つものである。現在の現存在を現在に固定化して受けとるのでなく、過去および未来との連関の中に位置づけて把握しようとすることである点において、それは前述のごとく正しい。また、その原理を「神の摂理」と解するか、「物質の自己運動」と解するかはともかく、いいかえれば超越的に解するか内在的に解するかはともかく、過去・現在・未来を一貫して斉合的に万有を秩序づけている原理が存在すると信じる形而上学も、これまた前述のごとく、「真理」が虚名や無意味でないかぎり締めくくりの糸玉として余儀ないことである。そして、この原理を立てる場所では、原理の原理たるゆえんからして、原理の展開は必然の規定のもとにある。人間と世界をふくむ自然の全歴史が必然であるとする客観主義思想が成り立ちえて、それとしての意味をもつゆえんである。なぜなら、「神の摂理」「物質の自己運動」のごとき原理については、その展開を自由におけることだといっても必然におけることだといっても異語同義であることをまぬがれず、その展開に対して人間が拒む力も阻む力も持ちあわせていないで、人間の主観的な自由の意識におけるいっさいの行動さえもがそのなかの一齣としてのはたらきでしかないという信仰告白を意味するものがその表現であり、客観的真理の人間に対する絶対的支配を表明するものと解されるべきだからである。自由は、したがってその対立概念としての必然も、人間がその主体性においてかかわる関係を場としてのみ意味をもつ規定である。

ここに、客観主義思想がそれだけで全思想であろうとするときの第一の問題がある。それは、人間の主体性の契機を欠くことによって自由が問題とされる場を失い、もっぱら必然の規定だけが支配し、人間にとってはその必然を運命として迎えることがあるだけになるからである。それは、神の支配あるいは自然法則の支配と表現されるもののもとにある人間の現存在としての規定を明示し、自由における人間の限界状況を知らせるものとして正しさをもっている。だが、その反面、人間の積極的作為を徒労と観ぜしめ、絶望させ、必然に身をゆだねる運命論に道をひらく危険をもっている。それゆえ、神の支配の必然を迎えさせる形而上学は、一方で人間の自由における行動をおなじ神の命令として用意せねばならず、物質の自己運動の必然を説く形而上学は、客観的法則への参与を倫理的命題としてかかげねばならぬことにもなる。また、さもないと、人間の現存在の「現在性」は決断と行動のための場であるという特別の意味を失い、せいぜいただ惰性的に生きて現在をすごしても、必然的に現在はやがて過去となり、未来はやがて現在となり、それだけの事実において客観的真理に即して生きたという論理をも許すからである。

このことは、客観主義思想のもつ第二の問題性との連関においていっそう重要である。客観主義思想は、客観的真理を追求し主張することにおいて、思想として人間の持ちものでありながら人間を越えて、人間をふくむ全存在世界を、いわばその全存在世界外の、いわゆるアルキメデス的な一点から、あるいはいわば神の視点から、過去・現在・未来を通じて展望し、そこに統一的に把握される法則体系にかかわるものである。そのばあい、この思想が不断にさらされている危険と誘惑は、それが人間の持ちものであるという事実の没却である。人間の持ちものであるということは、具体的には人間の現存在におけるそのつどの「現在性」においてはじめてそれが思想として人間にとって意味をもつものだということである。そして、そのとき、その思想そのものも、全存在世界を過去・現在・未来を通じて客観的に展望把握することとさえ、現在の場で現在の時点で、「現在性」における人間の意識のもとでなされたものであるという限定をまぬがれない。だから、ここで客観主義と称するものがただちに誤りだというのでもなければ、無用だというのでもない。それは「現在性」における人間の決断と行動にあたっての準拠として、人間が主体的にそれに出会う必要を有し、また出会うべきものをそれ以外に有しないところの、余儀ないものである。この意味で余儀ないということ、他でありえないということ、したがって理性的に絶対的であるということは、そこで客観主義思想が客観的真理と主張し提示するものが、客観的真理として他でありえないこと、したがって絶対的であることとは別のことである。事実はしかし、この二つのことの取りちがえが容易におこるし、しばしば客観主義の名のもとでもっともはなはだしい主観主義が横行する。信仰が、特定の人の理解を神の名において語らせ、それによって権威による強制を招くように、それとおなじことが哲学の場でも客観的真理の名でおこなわれる。客観的事実は現に存在もし、それとして認識もされるが、客観的真理は現に啓示されているとしてもそれをあらわに言表する読みとりかたを人間が現にもっているわけではなく、歴史において啓示されつづけ読みとられつづけるものとして留保されるべきものであろう。

前章において規定された「現在性」の立場に立つとき、客観主義思想がその客観的一面性のゆえにもつ制約と、それに結びついておこりやすい危険と誘惑とは、およそ右のように考えられる。それは客観的真理といわれるものが歴史の過程のなかで人間に迎えられるときの特別の困難さと関係し、現存在一般が必然として理解されることのなかに人間の自由における決断と行動の契機がいわば封じこめられるということであった。必然の規定のもとでは、人間はその現在の現存在をただ運命として甘受するしかなく、現在の花にあきたらぬときは、運命がすでに過去としてしまった過去の花の追憶において、あるいは運命がやがて未来においてもたらすであろう未来の花の希望においてなぐさめられるだけで、いいかえれば、いかなる現在においても常に過去であるか未来であるかとして現実のそれとなることのついにないものをなぐさめのよすがとすることになる。「現在性」はしかし、想起において過去にとらわれることなく、希望において未来を先取りすることなく、しかしながら過去からの促しと未来からの呼びかけに現在において応答しながら、あくまでも現在にとどまり、現存在の現在の事実に対決することを通じて、おなじ現在において現存在が実存という異質のものに生成するその場である。疑問視されあきたらぬものとされる現在の花を、それ以外にしかし現実の花のありえぬことを覚悟し、他のすべてを幻想として断念することを通じて、あらためて現在の花に面とむかうとき、その絶望の事実のなかで、絶望をおこさせた「現在性」のおなじ自由が、（というのは、絶望とは、必然における、自由の必然に対する抵抗であるから）、必然の規定のもとで現存在として現在であるものを、自由において選ぶということがおこり、現象形態においてはおなじ現存在であるものが必然の規定のものとしての現存在から自由の規定のもとでの実存に生成する。これらの出来事は、もっぱら人間がみずからの現存在に主体的にかかわるという内面的事実としての出来事であり、「現在性」はこの実存生成の主体性の場をなすものである。絶望がありうるということがすでに人間が自由における存在契機をもっているということ、つまり必然を自由の対立概念としての必然として立てうるということであり、実際に絶望しているということは自由がすでにそこにはたらいていて必然の全面支配に抵抗しているということであり、であるからには絶望を通じて自由の支配の道がひらかれるということになる。しかも、こうして生成した主体としての人間が自由において実際に選択することを通じて実存的主体性を実証するとき、選ばれるものが事実は現存在として必然性の規定のもとにあるものにほかならない。実存の思想がこの意味の人間における主体性主張を真理として提起するもので、その場がこの「現在性」であるならば、おなじ「現在性」は客観主義思想が現存在に関して真理として提起する客観性主張を迎える場でもあることになる。

四　客観的真理（ポジティオン）と主体的真理（ネガティオン）との出会い

この点に関して、実存主義の哲学が、キルケゴール以来こんにちまでの理論的精密化の過程を通じて、現存在から実存への飛躍的生成に限っておこなわれたことの意味が回顧される。それは、客観主義の哲学がそのかぎりにおいて無視することのできた人格の内面における特別の問題を訴え、その問題性を解明した限りにおいて一定の重要な思想的課題を現代において果たしたし、形は変っても客観主義の哲学がそれとして存在する限り、おなじ問題性を訴え解明していくことが意義を持ちつづけるであろう。そしてそれは、ポジティーフなものである現存在をそれとして存続・展開させることに責任をもつ人間のありかたとして、現存在がそれ自身としては知らないながら実は現存在そのものの必要（必然）でもあるものを、内面的衝迫として、不断に現存在に対するネガティーフなはたらきかけの形で投げかけていくであろう。しかし、実存的主体性が自由なる決断において選びとるものが、そのときには意味を変えているとはいえ現象的には元のおなじ現存在である自分であり、その自分の現存在のかかわりの場であるという事実の内実に、実存主義の哲学がどれだけ深く立ち入って考えたかには疑問がある。それは、ヨーロッパのキリスト教の教会教義学的思想伝統が、信条主義という名の形式主義のゆえに、キリスト教的思想の実質と考えられる多くのものをすら、それを事実関連の内実に立ち入ったところから考えた思想を拒否することによって排除し、みずからを貧困のうちに老朽形骸化すると共に、キリスト教から拒否された思想を対抗思想としての性格をもつ同じ教条主義に追いやる禍根をなしたことと深いかかわりがあるように思われる。これは異質の思想の単純な平和共存ということとはわけがちがう。その思想の生いたつ根源的関心と、そこから導出される思惟方式を発想にまで遡って検討した場所で異同を確かめるのでなしに、派生的相異に着目して異端糾問に急ぎすぎる例が昔も今も多いように思われるからである。信条とか教条とかいわれるものは、一見根源的と見えて、実は固定化されることが最も危険な生きた根源の単なる言語的現象形態であることが常である。このことは、もっぱら客観性に真理主張を根拠づける客観主義思想の体系において、その性質上おこりやすく、その教条主義的自己絶対化を「現在性」の特別の意味の指摘によってたえず打破し、開かれた思想の状態に保持することに実存の思想は一定の建設的機能をもつと思われるが、その実存の思想さえもがおなじ病弊におちいっているところがあるように見える。

問題はこうである。前述の「現在性」において単独の個人がみずからの現存在に憂慮的関心においてかかわり、そのかかわりにおいてまさに実存的主体性は成立し、同時にしかしそのかかわりにおいて全世界（自己にとって他者である現存在一般）とのかかわりが成立して世界は状況の意味を帯び、そうなることによってみずからの現存在が世界・内・存在の規定をもつが故に、逆に自己自身および世界とのかかわりにおいて実存的主体性が成立するともいわれることになる。これは、いわば公式であり、そこに実存の自由が実現するとなすのがいわば実存の思想における教条である。ところで、これを事実の実態に即して立ち入って考えると、どういうことになるだろうか。この公式を公式として抽象的にあつかうところに問題が出てくるのだが、それはたとえば孤立した一人の人間が密室で自分自身に向きあって、しきりに絶望の苦悩のなかで自分自身と対話するところに実存があるとされたところで、その孤立が問題なのではない。また、日常性のもとに蔽いかくされた限界状況をあらわに設定した舞台が、そこで自分ひとりの場に追いつめられた孤独な人間を見せてくれたとしても、それが誇張的・絵空事的創作だということに問題があるのでもない。たしかにそこに実存の条件があり、実存する人間がいることを認めなければならないし、孤独な人間ということも、限界状況も、自分自身との対話も、そのこと自体に問題があるのではない。問題は、それらを抽象的にあつかって、実存哲学に理論構成する発想そのもののなかから生じる。なぜなら、孤独な人間というその実存的事実のなかに、現存在を必然の規定のもとでとらえる客観主義が示す人間の現存在についての規定、すなわち他者との共同存在としてのありかたを前提することなしにはありえぬ固有の問題意識が息づいているのに、そして事実は共同存在というポジティーフな現存在のありかた内部のうちにある内在的矛盾が、人間の内面的意識という一の終わりのところで触れたものの特有の性格から逆理的表現によってネガティーフな投映として指摘されるところに、「孤独な人間」の陰影に富むありかたの特質があるのに、その特質的陰影を消去して、あたかもポジティーフな現存在のほかにどこか超越的な場所に故郷をもつものが外から闖入してポジティーフな現存在に対決するかのごとき、神話的な、古典的キリスト教教義伝統に擬せられる発想に安易によりかかり、それ以上に主体的内面性において、とくにそれのみがポジティーフなものである現存在に即して理解しようとせぬ態度がそこにあるからである。それをまぬがれぬかぎり、実存の思想は他のポジティーフな思想と等し並みにみずからも一箇のポジティーフな思想としての哲学的な論理学や方法論をもとうとする誤りをくりかえすだろう。実存の思想の哲学的意義は、すべてのポジティーフな事実連関に関する学を、真に学として人間とのかかわりに持ちきたすための、ネガティィオンの機能を果たすところに認められるべきである。実存の思想においてなお超越論的表現にとどまっている「本来的存在」「自由であること」などのネガティィーフな性格を明らかにし、それらがポジティィーフな領域においてネガティィオンの機能としてのみポジティィーフな意味をもちうることを考えるには、「現在性」を場にして考えることが有効であると思われる。本来的人間とか自由なる人間とかになんらかの理想性を付与して無条件的前提とした上でその後の論理が展開されるが、理想性そのものがポジティィーフな領域にはその場を持たず、したがってそのイメージも現存在の歴史とともにそのつど現存在のネガティィオンとしてわずかに構想されるだけで、自由なる人間そのものを定着的に構想することも、原理的にポジティィーフな形で説明することもできないということは、実存的人間論が常にわきまえておくべきことであろう。なぜなら、ポジティィーフな現存在として客観的に存在する具体的人間を客観的に把握する度合に応じて自由なる人間はそれだけヴィヴィドに構想されるし、自由なる人間のそのつどのイメージが生き生きとしているのに応じて、ポジティィーフな現存在に対するネガティィオンとしての機能も果たされるからである。

人間の現存在が時間の流れのなかで生成消滅の流動の過程にある事実を必然の規定のもとで把握させる客観主義思想は、キリスト教にせよマルクス主義にせよそれが単に必然の原理を神に托すか物質に托すかのちがいであるままで、現存在の必然の規定のもとでのなお人間の自由における主体性を位置づける現実理解を示さぬかぎり、みずからの思想的不毛が人間とその世界を不幸にするであろうが、逆にこの「現在性」の具体的場で実存の思想が提起するものをなおいっそう内面的に受けとめるとき、そもそもにおいて人間のための配慮以外でなかったはずのキリスト教とマルクス主義に、新たな正しい出会いの場がそなえられるのではないだろうか。

2　単独者の主体的現実性

一　現存在から実存へ

a　現存在と実存

現実的存在はすべて具体的・特殊的・個別的である。それは本質的存在の規定が抽象的・普遍的・一般的であるのに対抗する。また現実的存在は不断の運動変化の過程にあり、その動態は本質規定の静態を震撼させ、規定に逆背し規定を突破して規定の変改を迫り、実態がはなはだしく変化したばあいには本質規定の端的な表現である名称をさえ改めさせることがある。人間の現実的存在を意味する「実存」の語をかかげる実存主義は、現実的存在と本質的存在の右のごとき関係において、もっぱら人間に関して、もっとも徹底的に現実的存在を優先させ、それに固執する。「実存が本質に先だつ」ということばが、その標語となりうるゆえんである。そこでは人間実存における現実性というのが、本質性との対比において、形而上学的に「人間とは、これこれこういうものである」と一般的に規定され一本質に固定的に決めつけられることを拒否する理解の仕方として立っている。同じ意味で実存的人間理解を示すことばに、「人間とは人間の未来である」とか「人間とは、人間がみずから成るところのものである」とかいうのがある。これらも、人間が何であるかを、過去において人間が何であったかや、現に人間が何であるかによって規定するのでなく、すなわち既存から現存にいたるまでの既成性において人間の本質をとらえるのでなく、既成性に条件づけられた現在の人間の諸矛盾のなかから、人間みずからがいかなる人間を実現するかによって決まるものとする理解を示している。だが、これらのことばはそれと同時に、現在の人間が、これから実現しみずからそれとなるべき人間との関係においては、それの可能性という性格をもつことを示す。

可能性—現実性というカテゴリーで考えるかぎり、もとより現在はつねに未来の可能性であり、現実性はむしろ現在が次の現在を迎えるにあたって実現するものにおかれる。それはちょうど、現在が過去において可能性であったものの実現としては現実性であるのと同じ連鎖線上の出来事である。弁証法的唯物論をはじめ、本質（あるいは本質として想定された観念）に現実を優先させるすべてのポジティブな考えかたが、時間のなかにある存在を生成変化の相においてとらえようとするとき、これは当然出てくる理解であり、そこでは、過去—現在—未来にわたるこの可能性—現実性の連鎖線上の出来事が「歴史」と称せられる。そして、その連鎖を必然として法則的にとらえることが試みられる。物質的存在者として他のすべての存在者とひとしく論じられるかぎりにおける人間は、たしかにこうしてとらえられる必然の法則のもとにおかれている。しかし人間の現実はそれにつきるものではない。同じ物質的存在者でありながら何ゆえにそのような特殊的な現実性が生じたかの理由についてはもろもろの学問的究明にまつとして、人間の現実はきわめて特殊的だからである。少くとも、人間の現実的存在をことさらに実存と称してこれを中心的に問題にする実存主義にあっては、人間の現実はきわめて特殊的なものとして取りあつかわれる。そのことのあらわれが、現実性という用語についての、実存主義における特有の用法となる。

ヤスパース流に「(人間の) 現存在 Dasein は実存 Existenz の可能性である」と言うところでは、実存における現実性の意味が、まだ通例の意味での可能性—現実性の関係における現実性としても解されうるように見える。すなわち、現にいまここに具体的に自然的・社会的・歴史的等々の条件下に生きて存在しているという事実が、そこで実現されるべき実存を資質としてもっており、まだ実現してはいないが、従って現実性においてではないが、可能性においてはすでに実存である、という解釈を許すからである。しかし、ここには人間の現存在と実存との関係を可能性—現実性のカテゴリーで理解しようとするときの警戒すべき二義性が、まだ同居している。というのは、人間であるかぎりの人間は誰ひとりとして実存しうるということから除外されず、人間のみが、そして人間の誰しもが実存しうる資質を有しているという意味では、人間の現存在は実存の可能性であり、その可能性が実現されるとき人間の現実性としての実存が成り立つといえるからである。しかし、その反面、右のように可能性—現実性を連続的にとらえてさしつかえない現実性の意味とは別に、実存主義には現実性を可能性から断絶させてとらえるところがあり、しかもこの面での現実性における人間把握にこそむしろ実存主義の本領が発揮されるからである。つまり、実存主義は、人間が実存すること、人間の現存在が実存になるというその生成、実存に関しての可能性から現実性への移行、これを眼目としており、そのさい実存の生成ないし実存への移行を、絶大な否定なしにはおこりえないものと解し、そこに人間の深刻な問題を見るのである。人間の実存は、人間の現存在が現存在として有しているすべての可能性をみずから否定し、無にし、不可能性とすることによってはじめて実現する、というキルケゴール流の逆説的表現が、実存の意味での現実性にとって最大の重みをもつゆえんもそこにある。

周知のとおり、可能性―現実性は様相のカテゴリーであり、存在するものの存在の仕方を区別して理解するためにもちいられる概念である。人間存在の現実性という意味での実存も、人間の存在の仕方、あり方、生き方であると説明され、実存主義は現存在としての存在の仕方から区別された実存としての存在の仕方のうちに真の人間らしいあり方を見るのであるが、このばあいに注意しなければならないのは、現存在としての存在の仕方と実存としての存在の仕方とが質的に異なるものとしてとらえられることである。この「質」の相異こそ、両者の間を断絶させ、深淵をもって隔てるものであり、従って現存在から実存への移行の質的変化は、苦悩に満ちた否定の契機（人間の存在の仕方における否定であるからにはなんらかの意味での死）を通して実現する性格のものである。この質的相異と断絶を理解するためには、現存在的あり方と実存的あり方とがそれぞれ内容的にどういうものであり、いかに区別されるものであるかが明らかにされなければならないし、そのことによって実存主義における人間理解の基本も示されることになる。

さて、実存の可能性といわれる現存在としてのあり方における人間は、現に生存しているかぎりのすべての人間が、現に生存しているというただそれだけの事実のうちですでにそのあり方を不断に実現しているところの人間であり、あり方に関するかぎり山川草木禽獣虫魚と同質で、木が石と異なり犬が猿と異なるのと同じように単に特殊な類の動物として（自然的な動物的資質および本能に加えて言語・理性・社会的関係などをもち、それらをふくめて道具を製作使用する能力をもち、それを活動させて生存を維持発展させる動物として）、歴史的世界のなかで他のあらゆる物質的存在者と同様に生成変化消滅するかぎりにおける人間である。そうしたあり方の人間が他のすべての存在者と共に現存在として一括されて自然における必然的法則に制約されており、従ってそこでは可能性—現実性を連続的にとらえる一般的理解が成立しうることは、前述のとおりである。たしかに人間の生存の事実はそのようなあり方でのみ成り立っているし、それ以外のあり方では生きて存在しうべくもない。このあり方における支配的法則に従うことによってのみ人間はこれまで生存してきたし、現に生存し、これからも生存し、人類を構成しつづけるであろう。また、その法則の詳細を発見し利用することによってのみ人間は生存条件を有利にし、人類の発展の歴史を形成してきた。こうして現存在としてのあり方を余儀なくされて、その必然的制約のもとでのみ生きているところに、ヤスパースも言うように、人間存在の基本状況がある。しかも、何はともあれ、人間が生きてそこに存在していることそれ自体のもつ存在の重みは、何ものをもってしても測りがたく、何ものをもっても代えがたいものをもっている。ことに、国家とか民族とか、神だとか天皇だとか、あるいは制度、組織、階級、さらには自由や正義などといった観念を、絶対的価値に仕立てて、神格化し、偶像としてそのシンボルを操作することにより、それらの名を盾にあまりにも安易に人間の個々の生存を破滅させてはばからなかった過去の痛苦の経験をもち、現になおその危険が横行するのを見る状態では、人間が生きて存在することの重さはどれほど強調されても強調されすぎるということはないであろう。人間が生きて存在することの素朴な意味を、森羅万象の存在と共に、いみじさ、かたじけなさとして感得するわれわれ日本人は、ハイデガーならば「存在の明るみにおいて」とでもいうような、存在をその十分な重みにおいて受けとめる能力を伝統的にもっているように思われる。

それにもかかわらず、右のごとき現存在としてのあり方で生きて存在しながら、そうしたあり方をしている人間自身にまなざしを向ける視線を、またそれと関連して現存在としての人間自身に配慮を加える関心と関係の行動を、人間はもつことができる。現存在としてのあり方のなかで、右にいう視線・関心・行動をもつことを実現して、現にみずからの現存在に対して視線を投げかけ、配慮し、対処するあり方をしていることが実存である。それは、みずからのあり方に対して他者として立ち、みずからのあり方を対象化し、客体化し、それによって主体と客体との関係に引き入れ、主体としてそれにかかわる立場に立つあり方だといえる。人間は性状や構造や機能に関して他の諸存在からさまざまに区別されるが、現存在としてのかぎりにおけるそこでのもろもろの差異とは異質的に、存在の仕方に関して右のごとく実存しうるという点でも区別され、実存しうるということこそ人間に固有のことである。それゆえ、実存を言う立場からすれば、人間は単に現存在であるだけでは人間としてのあり方を実現しているわけではなく、実存してこそそうである、という言いかたが出てくる。だが、実存しうるということと現に実存しているということとの間には、直接的な移行や必然的な実現を不可能にする関係がある。人間の誰しもが実存しうるにもかかわらず、誰しもが実存するとはかぎらず、あるとき実存する者がたえず実存しているわけではなく、また実存することを欲するどころか逆に拒むことが現存在の保障だからである。実存は現存在の否定においてのみ成り立ち、現存在は実存を拒否することでみずからを保持する。現存在にとって実存は脅威なのである。生存にとって死が脅威であるのと同様に、それゆえ死の不安にたえずおびえながら死の到来を拒む努力によって生存が持続されるのと同様に、実存は現存在にとってその死を意味する否定の性格をもち、それゆえ現存在はたえず実存しうるということに脅かされながら、それから逃避し、ないしはそれを糊塗し圧倒することによって現存在でありつづけることができる。現存在は、現存在としてのかぎりで、時と共に或る可能性を必然的に実現して新たな現実性となる連続性のうちにとどまるが、その連続性の内部では現存在から実存への生成は生じない。その連続性を断ち切り、現存在が現存在としてのかぎりでもつ将来の可能性のすべてをふくめて現存在であることをやめる決断において、はじめて実存は実現する。従って現存在から実存への生成は、時の経過と共に必然における連続としてではなく、そのつどの現在に自由における決断として、飛躍的に実現される出来事である。人間は、現存在としては必然の法則に制約されていて、そのかぎりで決して完全に自由ではないが、人間であることをやめないかぎり、どの誰でも、いつなんどきでも、実存することに関しては完全に自由である。みずからの現存在に即して（即自的に）生きるあり方から、みずからの現存在に対して（対自的に）生きるあり方に転ずることは、それを欲しさえすればどんな人間にも時と所を問わず自由にできることだからである。

b　意識と実存

もとより、人間がこのように実存しうるということは、高度に発達した脳髄が人間の意識を特有のものたらしめ、人間を理性的動物たらしめているという人間の現存在の事実に由来するし、人間に特有の意識と無関係ではない。そしてその意識の現象については、いっさいの根拠を神に代えて人間自身に求めざるをえなくなった近代人が、こぞって着目したものこそそれであったことが想起される。デカルト以来、観念論においても唯物論においても、また哲学のみならず心理学や生理学などの科学の領域においても、これについての研究は精力的に進められたし、現に進められつつあり、なかんずく実存的な人間把握と密接な関連をもつものとして、ヘーゲル主義、現象学派、精神分析派などによってなされた意識の現象に関する研究があることを、われわれは無視するわけにはいかない。しかしながら、それにもかかわらず、意識することと実存することとが別のことであるということは、明らかにされておかなければならない。ヤスパースやサルトルの場合のように、両者の緊密な関連を一本化してとらえ、意識について実存の問題をもそれに包みこんだ解釈をおこなう試みもあり、それはそれで実存を近代哲学の意識に関する理論的財産と直結させて解明するという点で有意義な試みといえるが、その解釈を納得させるためにも、次に述べるような意味で通常の理解における「意識する」と「実存する」とを区別しておくことが役立つように思われる。両者は二つの点で区別される。

第一に、実存することは単に意識することと異なって危機的に意識することと結びついている。人間が意識的存在者で、自己意識をもつというかぎりでは、それはまだ人間の現存在であって実存ではない。みずからの現存在を意識するにあたって、現存在をそのまま放置できない危険なあり方をしているものと意識し、いわば現存在のうちに不幸・退廃・破滅を見、腐臭や死臭を嗅ぎとり、そのような現存在に対して「否」を言うことが、実存を実存たらしめる。実存にともなう気分が、嘔き気であったり、憂鬱・不安・倦怠・絶望などであったりすることは、このことに由来する。これらの否定的な気分は、現存在の危機のしるしであり、実存が現存在に対して否定的に立つことの存在的な反映である。現存在のそのつどの現在相が危機的で、従ってそれを意識するときに右のような否定的な気分がついてまわるというだけでなく、そのつどの現在に示されるものは現存在の全連続性のもつ性格の象徴であって、現存在が現存在であるかぎりのその全体性において危機的と意識されるところに、実存があり方として質的に現存在から区別されるゆえんがある。

第二に、実存することは単に意識することと異なって配慮し、行為し、それによって存在としてのかかわりにおいてかかわり、そのかかわりにおいて主体と客体とが共に変化するような関係に立つことである。これは第一にあげた点に結びついて出てくる。現存在を危機的なものと意識することが、実存することをその危機の克服の活動たらしめる。ヘーゲルが『精神現象学』において意識の現象を追求して、自己意識が人間の現存在の矛盾ゆえに「不幸なる意識」として登場することを指摘したとき、キルケゴールはこう言ったものである――「不幸なる意識」をただ一章に記して、それ以上関心することなく、見すごしにできる者は幸いなるかな、と。不幸なる意識があるところ、その意識を、またその意識を生み出す現実を変革して、不幸ならざる意識を導出すべく配慮し、その手だてを講じることこそ大切だと考えるのがキルケゴールの場合であったし、不幸・齟齬・危機・矛盾と見られた現存在を、克服されるべきものとして、それに対して克服の行為をもってかかわることが実存することであるとき、そのことと単に意識することとの相異は明らかであろう。サルトルの「対自」としての人間理解も、単に意識することにとどまらず、投企の行為につながっていくことで実存するものであった。

意識がすでに各人それぞれのもちものであり、他人に代って意識してやることも自分に代って意識してもらうこともできないが、それと同様に、意識と結びついた実存も、ひとりひとりの人間がみずから実存する以外にはありようがない。どれほど親近な関係にあろうとも、実存することに関しては、他人のなしうることはせいぜい産婆役でしかありえない。どの他人も、どの集団も手のとどかぬ孤独なところで、人は単独に実存するのである。

c　単独者としての人間

この実存のあり方をキルケゴールは「単独者」というカテゴリーで規定した。これに対立するもう一方のカテゴリーは「衆」（あるいは「多数者」）と呼ばれる。端的にいって、単独者は近代市民社会の鬼子である。民主主義の安易な受容において人間が衆のなかに解消されてしまうことに対する抵抗が、単独者としてのあり方のうちに実存の本領を解明させることになったものである。これに加えてこんにちの大衆社会においては、人間の物化・機能化による疎外からの回復として、実存論は主体性論のうちに妥当な場をもつが、ここでは「数」と「機能」との二様の量化に対する質的人間の擁護としての単独者を考えてみることにする。

人間は、人間に生まれ、人間として生き、人間を生みつつ、人類を構成する。その意味では類的存在であり、ひとりひとりが人類の一成員である。また、同様にして種の一構成員でもある。さらにまた、国家、地域社会、職域などにおいても、それぞれの一成員として機能しつつ存在する。これが人間の現存在であって、われわれの生存はこれ以外のあり方ではありえない。従って個々の機能の相違はあっても、成員であるという質においては同等化され、画一化されることをまぬがれない。そしてそこでは機能の仕方を含めて、存在の全体が必然の法則に制約されている。だが必然の法則を保障するものは、多数の類例の一致である。生存するということに関しては、誰もが例外なしにこの法則に従うことによってのみそれを保持ないし拡充することができる。個性の差はあっても、生まれながらにもつそれぞれの資質を開発しながら、この法則に即して生存するという点では、人間はみな同質である。それゆえ、生存の配慮に関しては、この同質の人間が、量としてとりあつかわれるし、そこに政治の本領がある。われわれはさきに実存が人間の生き方・あり方として現存在から区別されることを述べたが、現存在のあり方について、ここでは、それが生存そのものをもってすべてとするあり方であり、従って、生存を支配する必然の法則に即して生きるだけのあり方であるということができる。それゆえ、人間のあり方としての現存在の意味するものは、生存それ自体が自己目的となっていることであり、そこでの原理は生存の保持・拡充、いいかえればその梃子である欲望の充足だといえる。近代市民社会が欲望の体系であるといわれる時、一方ではそれが大量の人間の現存在を保障する近代的形態と考えられるとともに、他方ではひたすら欲望の追求において生活条件の向上を志し、そこに人間の幸福を期待した近代人の産物であることが考えられる。生活条件に関する利害が争点である政治においては、いうまでもなく権力、その基礎をなす人間の数の多数が決め手になる。従って現存在としてのかぎりにおける人間としては、多数の一員となり、数量的に多数を構成するようにはげむことが、最もよく目的にかなうことになる。

これに対して生きて存在することだけを目的とし、その目的をうながす欲望の充足をはかるあり方に疑問を投げかけ、これに「否」をいうあり方がある。このあり方はみずからの存在のかけがえのない個性の自覚とともにある。前者が他の多くの人間や、自然における諸存在との共同性の自覚をもたらすのに対して、後者は自然の諸存在はもとより、同類の他の人間からさえも断絶した個の単独性における自覚をもたらす。われわれは少年の日に、あるとき突然、足もとの大地が崩れ落ちてゆく思いで、つい最前まで親和的であった友人たち、親兄弟、建物、草木、空気まで、世界のすべてが、にわかに自分から遠のき、空漠たる寂寥の中に一人とり残された自分を意識し、限りない不安とともに、この私とはなにものであろう、この私がこうしてここにいるとはなにごとであろうと、あやしんだ経験を想起する。それは、みずからの現存在が、現存在の世界全体の中に包みこまれ、埋没していた状態から、身を起こして自己意識をもった最初の経験である。この経験にはその後もそのつど常に、自分と自分以外の全世界との間の異和感がつきまとう。このような個の意識を、種や類やその他の集団に思弁的に止揚することは容易である。しかし誰もがいつかは死ぬということは、自分がいま死なねばならぬということを得心させる理由にはなりえないし、慰めにもなりえない。また誰もが現に生きているということも、自分がいま生きていなければならぬということの理由にはなりえないし、そのことの慰めにもなりえない。ひとりひとりの人間が、それぞれの個性において存在するのであって、他人に代って生きてもらうこともできなければ、他人に代って死んでもらうこともできない。みずからの生存のこのようなかけがえのなさ（一回性）に着目する視点は決して思弁的止揚に解消されえないものをもっており、そこに生存があらためてその意義を問われざるをえない場をつくり出す。そこでは、多数の人間がそうであるということが、自分がそうであってよろしいということの準拠には決してなりえず、自分自身が主体であることの権威をもって、みずからの生存に対処するかかわり方が実現する。そのようなかかわりの主体としての私は、他のなにものをもっても代替されることのできない単独性において立っている。この単独性においてみずからの生存に主体的にかかわるあり方が実存に他ならず、人間がそのようなあり方で他のなにものにも準拠をおくことができず、従って他に責任を転嫁することができず、わが身一つに全責任を負わせて、みずからの生存に選択的にかかわるならば、それが単独者としてのあり方である。それゆえ、生存の量が原理でありうる現存在のあり方に対して、実存のあり方は生存をその質において問い、そのために極端な場合には、生きながらえることを断念することにおいて、むしろ人間存在の質が実現されることがありうるとする立場であり、実存主義の人間理解は、単なる生存が人間存在の質を実現すべき課題にたえず迫られている危機的な存在の仕方であるという解釈を導出する。

同じことであるが、単独者は、人間が機能として物化され、道具として遇されることに甘んじるものではなく、主体として立つことを要求するものであることを確保するカテゴリーである。われわれは社会的存在としておのれの生きている社会において、一定の機能を果たすことによってのみ生存を保障され、従って生存を保持しようとするかぎり機能化を余儀なくされる。たとえば資本主義社会においては、資本に奉仕する機能を果たすことにおいてのみ、各人は社会的存在としてその生存を保障される。生存のためには余儀ないことであるにしても、だからといって資本に奉仕することによって成り立っている現在の生存のあり方が、十分に人間的であるという実感をわれわれはもちえないし、充足感や幸福感をもちえない。ここでは人間の機能化が端的に商品化を意味し、物化を意味する。しかも技術化された社会においては、ますます高度に専門分化したところでの機能化が要求され、その機能を果たす道具としての細分化されたものにまで人間をおしやる。しかし機能としてのかぎりにおける人間は、特定の機能に関しても複雑な機能に関しても、しばしばコンピューターによって、より高能率的に置きかえられることができる。資本主義とは異なる社会体制において、すなわち、資本ではなしに個々の人間の集合体が主体をなし、従って社会における個々人の奉仕が、結局は自分自身への奉仕に還元されることを保障する建前の体制においても、技術化された社会であるかぎり、人間がますます機能化されることに関しては同様である。従ってこんにち、資本主義社会においては、人間は資本による物化＝非人間化と、高度の技術にもとづくいよいよ細分化された機能化による物化＝非人間化とのために、二重に疎外されている。他方、社会主義社会においても、個々人の奉仕が個々人に還元されることの保障について、必ずしも手放しで信頼してすまされる関連にない事実を露呈したし、してみるとここでも体制による人間の道具化＝非人間化と、技術にもとづく機能化による物化＝非人間化とが、その体制下の人間に疎外感を抱かせる。単独者は、さまざまな資質・性能をそなえた個々の人間が、それらの資質・性能の持主として、持主の自由において持主自身のために使用されるのではなしに、持主以外のなにものか（物であれ、人であれ、事であれ、すなわち、国家とか民族とか、あるいは資本とか階級とか、あるいは天皇とか親とか、またあるいは伝統とか権威とか、その他しばしば美しい名の下に、シンボルとしてかかげられるそれぞれのものであれ）に手渡されて、端的に他者の持ち物とされ、そのことによって持主その人が使用価値における機能として物なみに遇されるあり方から、あくまでも人間として遇されることを求め、それにふさわしく主体としてのみずからをとりとめ、そのことを自分以外の一切の物なり事なり人なりに対して主体的にかかわることによって実現するものである。

二　単独者の現実性

単独者は孤独である。しかし、その孤独は内面であって、現存在として外的に孤立しているということではない。そういう場合もあるが、単独者であることに関しては、それは偶然的な事である。単独者とは、みずからの生存に対自的にかかわっているという内面性であり、よそ目にそれと目立つようなものではない。他人には目に見えず、手にもとれず、助けることも阻むこともできないという意味で、まったく自分一人にゆだねられた自由の場で、ひとは孤独において単独者となるのである。それゆえ、単独者の孤独は、自由における孤独である。自分自身以外になんの規準もなく、なんの権威もなしに、みずからの生存に対して選択的に対処しなければならない者の孤独がそれである。自分自身以外に規準もなく権威もないということは、裏がえせば、自分の選択について、どこにもその責任を転嫁すべくもなく、みずからが全責任を負わねばならぬということである。単独者はまた、各瞬間に、そのつど一回的にのみ成立する。単独者は内面性であるから、彼がそこにおいて成り立つ瞬間とは、時間の系列における単位としての瞬間ではなく、時間の断絶を意味し、古風にいうならば、時が永遠に出会う場所とか、時の充実とかを意味する。この意味の瞬間において、単独者は、不断に現在にとどまる。もとより、回想において過去を、希望において未来を、現在のうちに集中させている現在にである。こうした単独者においてこそ、人間の主体性は確立され、そこにおいてこそ人間は実存するといわれうるのである。

a　主体性の実践的構造

実存のあり方が、単独者としてのそれであり、そのあり方の核心が、自己の現存在に対して主体性を保持することにあるのは、右に述べたとおりである。だが、実存的な意味で人間が主体的であろうとすることは、実際にはどういう関係をつくりだすであろうか。この観点から、次に実存の意味における主体性の実践的構造について考えてみることにする。

実存の主体性は、二つの契機の緊張において理解される。一つは人間における自己肯定ないし自己主張の契機であり、いま一つは自己否定の契機である。しばしば述べたとおり、人間が人間であるかぎり、生きて存在しているということが基本であり、現存在を抜きにしては実存もありえないし、その主体性も成り立ちようがない。そして生存そのことを支える原理がこの自己肯定の契機である。食欲、性欲その他もろもろの欲望も動物的なものから精神的なものをふくめて、そうした欲望を発する現在の自分を肯定することなしにはその欲望の充足が是認されるわけもない。われわれがみずからのもつ欲望を追求することは、そのこと自体において、そういう欲望をもつ自分の現在を暗黙裡に肯定していることを意味する。みずからの生存のための空間を確保し、生存条件を充足し拡充しようとすることは自己主張としてのみなされる。世界の中での自然的・社会的な生存競争において、自己を生存させうるのは、こうした自己肯定、自己主張の契機によってである。過去においてもそうであったし、現在もそうであり、将来もまたこのことに変りはないだろう。人間の知恵はこれまでこの欲望に奉仕して、さまざまの発見をおこない、技術を開発し、文明を形成してきた。人間が人類の系譜における一員として現に存在し、しかも他の人間をふくめて自己以外のあらゆる存在を自己の生存のための道具となしうるのも、やはりこの契機においてである。従ってこの自己主張の契機は、それが無媒介的に、またなんの規制も伴わずに放置される場合には、きわめて恣意的な、独善的な、利己的な生き方を導き出す。それは知恵をもち技術をもつことがかえって禍いを大きくするような形で、昔かわらぬ「ジャングルの掟」の支配する闘争の修羅場を現出する。われわれが現におかれている資本主義社会は、個々人としても集団としても、この自己肯定や自己主張を基本の原理とするしかないように仕向ける体制の社会である。そこでは競争が必然となり、無媒介的な自己肯定のゆえに、自己保存と自己主張のための競争が、他者を競争相手・敵・自己をおびやかす者と見させるか、あるいは自己のために役立つ道具と見させる。主体としての自己が、主体としての人格において出会う唯一の他者は、敵対者であり、それ以外の他者はことごとくその主体性における人格を無視された道具として、物なみに遇せられる。のみならず、この競争がもたらす結果は、弱肉強食の連鎖となり、ついには最強の者のみが主人としての座につき、その他の者は、もはや自分の生存の主人ではなく、隷属し、奉仕し、道具化された存在に蹴おとされざるをえない。かくしてたんなる自己主張を原理とするかぎり、人間はおのずから競争的人間となり、資本主義社会においては、その度合いがますます激化させられる。

主体的人間のもう一つの契機は自己否定の契機である。これは反省的意識の契機であり、即自存在に対する対自存在の無化の契機といってもよい。第一の自己肯定の契機が有限性の契機であるというなら、自己否定は無限性の契機である。前者が、生きて存在することを無条件的に前提とし、それにもとづく欲望を追求する営みをおこなわせるのに対して、後者は、生きて存在することそれ自体は無であるとし、単なる生存の自己目的性を否定する意識の目をもつ人間である。単に生きているということだけでは、人間として生きがいのないことであり、現在生きていることは、それを用いて生きがいのある生存を実現すべき素材であると見なす態度は、この否定と関連して出てくることである。従って、生存が単なる生存としてのかぎりで、みずからを保持し、延長し、拡大しようとすることに対して、それを否定する立場に立つ。また、生存から発するすべての欲望に対して規制する作用をもつ。さらにまた、あらゆる時点における現在の生存に、そのつど常に、改められるべきあやまりを見、正さるべき歪みを見、批判さるべき難点を見、補完さるべき不完全性を見る。あたかも反省が常に無限の反省につながるように、生存に向けられるこの否定もまた、無限につづく性質をもっている。生存が即自的に生存を持続させようと無限に働くのに相応して、この否定もまた無限に働く。生存しているかぎり人間があらゆる時点でこの自己否定をくりかえし経験するゆえんである。この自己否定において生存は震撼させられ、その欲望は停止させられる。ここでは単なる生存が生きがいのある生存に質的に変化することが求められ、さらにその変化の方向において、生きがいある生存とされる個々のものについて反省が無限におこなわれる。この変質が実現しなければ、たんなる生存がそれとして量的にいかに延長され、拡大されて、たとえ千年も生きのびて、全世界をわがものにしようと、人間的にむなしいとみる自己否定に耐えることはできない。しかしまた、この変質がおこなわれた場合にも、ある時、ある人に生きがいあるものとされたものが、他の時、他の人において、同様に常に生きがいあるものと認められるとはかぎらないし、そこに反省の無限否定の可能性がある。それゆえ、この契機においては、人間はどこにも具体的に自分を定着させる場をもちえない。常に不安定であり、しいて定着させようとすれば絶望するしかない。

人間の現実はこの二つの契機の矛盾のうちにあり、主体的人間が実現されるか否かは、この矛盾の緊張の最中におけることである。一般的には、人間の主体性という言葉は、右の自己肯定に関しても自己否定に関しても、それぞれの場合に用いられることが可能である。自己肯定において生存を即自的に主張し、欲望の主体として欲望される客体を追求する関係を成立させるかぎり、また、他人をふくめて他の一切の存在を客体化し、物化し、道具化するかぎり、その人は主体性を保持しているということができる。逆に、自己否定においてみずからの生存に対自的・否定的にかかわるとき、自己はみずからの生存を客体化することによって主体性を確立しているということができる。しかし真に実存的な主体性は、契機としてのこの両者の緊張のうちにあるといわなければならない。なぜなら、自己肯定における生存を前提として、それに否定的にかかわること、つまり自己否定においてそれに対自的にかかわることによって、実存のための問題的な場が設けられるのである。両者は共に実存のために欠くことのできない要素であるが、その反面、両者がそれぞれに自己完結的に独立して全体であろうとするならば、結局のところ前者の主体性は、現在の自己の生存の無条件的な権威化・絶対化となり、後者の主体性は懐疑・絶望・自殺においてしかそのかかわりを実現できないからである。この意味で両者はあくまでも契機と考えられるべき筋合のものであり、あやまってそれぞれが孤立的に原理として全体支配を企てるときは、いずれも実存的主体性の頽落形を示すことになる。

いまや実存にとっては、単なる自己の生存が問題視されるものに変質された場で、なんらかの具体的な回答をもって、生存を意義あるものとしてとりもどすことが課題である。実存は単なる生存を生きがいのある生存として、現に生きることを意味することになる。いいかえれば、生きがいのある生存が課題であるところでは、単なる生存がそれとしてはもはや否定されていて、単なる生存が見られる場合にも、それが生きがいのある生存として選び取られたものであるという性格を帯びる。生きがいのある生存とはそれゆえに生存が肯定されて尊重される一面と共に、他面では、そのために必要とあれば生存が葬り去られることをも可能にする。いわば、自己を無にすることによって自己を肯定するあり方である。この単なる生存と生きがいのある生存との関係は、「古い人間として死んで、新しい人間として生まれる」という風に言われたことに相当する。いかなる人間として新しく生まれるかが実存的課題としての人間の生成である。現存在から実存になるとは、この生成である。ここでは必然的にではなく、自由における決断的な選択として、生成するのであり、ということは何をもって自己の生きがいある生存とするかについて、人間が常にいかなる状況下でも完全に自由であり、自己の責任における選択にゆだねられているということである。この自由の場における選択は、前記のとおり、人間が単独者である場である。どこにも生きがいを見いだすことができなければ、実存のしようがなく、絶望のうちに生存が破滅させられ、他方、自己の生きがいとされたものに対しては、自己の生存をそのために無にしても悔いないことになる。従って、いずれにしても生きがいが問われ始めた瞬間に、単なる生存はそれとしては死と見られているわけである。既成のうちに死を見て、生成のうちに生の本領を見ようとする実存の一般的な見方は、ここにその原型をもつ。それゆえ実存における人間の単独者としてのあり方は、具体的には、何ものかに対する献身のうちに、それに献身する生存として実現される。生きがいのある生存とは、自己の生存をそれに対して献身させうる存在である。生きがいをもちうるか否かは、それゆえ、献身対象をもちうるか否かである。しかし生きがいある生存が選び取られ、そのかぎりで実存すると言われうるということに関しては、何に生きがいをもち、何を献身の対象にしているかは、問われない。主観的に選ばれた生きがいのうちに身を置き、それに献身するかぎり、選ばれたものが何であるにせよ、等しくそこに実存が認められる。

b　状況下の自由

何に生きがいをもち、何に献身するかを問わず、単に自己の生存を生きがいある生存に転化させ、それに主体的に献身するあり方を「実存」と呼び、いわゆる実存主義はその意義のみを強調してきた。これにには二つの視点が補われなければならない。一つは、献身の対象として選び取られるものが何であるべきかをめぐる考察であり、もう一つは、選び取られる対象のすべてを相対的次元のものとみる絶対的な視点ないし超越の視点である。これを考えるとき想起されるのは、キルケゴールの「主体性が真理である、客観性は虚偽である」「主体性は虚偽である、客観性が真理である」という二つのことばである。

生きがいが問われる瞬間から、単なる生存はそれとしては否定されているわけだが、生きがいあるものとして主体的に選択されるものが、やはり生存であることにはかわりはない。現存在から実存への移行は、内面における質的な出来事であり、実存が生成しうる場は現存在以外にはない。そして、現存在が必然の法則に制約された歴史的世界の内におかれていることは、前述のとおりである。実存が自己の生存にかかわることにおいて自己を実現することは、歴史的世界の内で或る様相をもつ自己の現存在を別の様相をもつ現存在に変革することを意味する。その場合、時の経過とともに自然的に、あるいは他律的に、自己の現存在が変化させられて行くままにしておくのではなく、自己がみずから変えるのである。世界の内での現存在は、他のもろもろの現存在と共同的に存在し、相互に関係し合って存在するのであるから、実存が主体的にみずからの現存在にかかわるということは、そのことを通じて全世界にかかわることになる。またそのかかわりが自己の現存在を変革することは、世界に対して或るかかわり方をしている自己の現存在から別のかかわり方をするものに変革することになる。しかし、現存在から実存となり、単なる生存から主体的にそれを生きがいのある生存に変えようとすることに関しては、あくまでも自由であるが、自己の現存在を別の現存在に変えることに関しては、現存在そのものが必然の規定の下にあるかぎり決して自由ではない。それゆえ、人間の実存は、必然の規定のもとにある自由である。

必然性に制約され、そのことによって具体化されて存在する現存在の存在諸条件を構成するものが、世界と呼ばれ、状況と呼ばれる。しかもみずからを規定する存在諸条件に、逆にみずからかかわるのが人間の現存在であり、この二重性でとらえるのが世界内存在・状況内存在という人間の規定の意味である。状況は必然的であるが、その状況にかかわることにおいて人間は自由である。先に述べたように、実存は人間の現存在を危機において見ることと結びついており、それにうながされて課題を形成することであるが、これは同時に、世界・状況を危機と見る観点に通じ、それを憂慮して、危機の克服を目指してそれにかかわることを課題たらしめる。自己の現存在にかかわることが、具体的には、世界にかかわることを通じて、世界に対しそういうかかわり方をする自己の現存在を実現するという形で、おこなわれるからである。自己の現存在に対する憂慮は、同時に、世界・状況に対する憂慮である。従って、そこでのかかわりは、単に観想的ないし観賞的なものではありえず、憂慮的であり、かつ対象を変化させる行動的なかかわりにならざるをえない。もとより、そのかかわり方においては人間は自由であるから、順応的・現状維持的にかかわることもできるし、抵抗的・反逆的・現状変革的にかかわることもできる。ヤスパースが限界状況としてかかげた死・闘争・負い目・苦悩といったような、それを突破することの不可能な状況もある。この限界状況下の現存在であることを否定することは、主体的に選ばれた死を意味する。これ以外の状況に関しては、そのすべてが形而下の条件として、歴史的・社会的関連にある条件であるから、人間がそれに主体的にかかわることによって変革することの可能な状況である。人間はこれまで、状況・世界の変革可能性について進歩の歴史を形成してきたが、今日では、自然的にも社会的にも、飛躍的な規模でそれを開発しつつある。われわれの状況へのかかわりは、現状をふくめての、これらもろもろの変革可能性を前にしての選択に迫られる。選択そのことのもつ固有の意味として、選択は同時に拘束である。選択は、一面で、選択されざるものの排除・無視となり、選択されたものに自己を限定し、拘束することになるからである。従って状況とのかかわりにおいて、さまざまな可能性のうちの一つを選択することは、その一つに自己を拘束することである。このことは、みずからの生存に対するかかわりにおける選択の場合にも妥当する。すなわち、自己肯定と自己否定の緊張の中で、献身において自己を否定的に取りもどす実存の図式は、自己拘束として理解されることができる。自己の選択における自己拘束が、同時に、状況とのかかわりにおける自己拘束で、後者が前者の具体性であることは、すでに記したことである。

実存における主体的な選択は、その主体性のゆえに自己以外のいかなる権威も規準も認めないところの、またそれゆえに自由であるとともにその結果の全責任をみずから負わねばならぬところの、単独者の行為である。その選択が誤りでないことを保証してくれるいかなる他者をも拒否したところに成立するのが主体性である以上、しかも自己の判断が誤りなきことをみずから保証することもできない以上、さらにまた選択において意図されたものが成就される保証もない以上、その選択は賭けの性格を帯び、企てとしての行為であることを余儀なくされる。実存的な行為のすべてが投企というふうに呼ばれるのはこのためである。もちろん、それが賭けと呼ばれ投企と位置づけられるのは、十全な意味においては、絶対的視点あるいは終末論的背景がある場合のことである。

なお、必然に制約される状況がどれほど厳しくとも、その状況に主体的にかかわる自由を人間は生あるかぎり死滅させられることはないし、生きているかぎりのあらゆる人間がその可能性を持つ。およそ主体的なあり方とは縁のない人間とみられていたものが、突如として主体的になりうる例をわれわれは知っているし、この点では、いかなる人間にもわれわれは希望をつなぐことができる。抑圧的な状況の下でかえって人間が自由において生き、主体的に状況にかかわることを実現することは、サルトルの評論『沈黙の共和国』がもっともよく示すところであり、モルガンの『人間のしるし』その他多くの文芸作品の主題としてとりあげられることなので、ここではその指摘にとどめる。

c　世界観との出会い

状況への主体的なかかわりが、単独者の自由における決断であり、したがって投企される内容についても、投企の目的実現に関しても、客観的な保証が得られないということを前節で述べたが、このことは投企が盲目的になされてよいということではない。投企が盲目的になされるということは、対象に無批判的に献身することを意味する。感性的・美学的には献身そのことの美がたたえられることはしばしばであるし、実存主義においても主体性の確立と、主体的なかかわりの重要性のみが実存的なあり方として強調されるために、そのかかわりにおいて選ばれる対象についての論議は欠落しがちである。実存主義がもっぱら人間のあり方に関する論に止まることは、それ自体正しいことであり、そうあるべきことであるが、その場合には諸科学による補完の関係を伴わなければ誤解の危険がある。主体的かかわりや、その具体化としての献身には、諸科学と結びついた対象論が伴われなければならない。さもないと美的評価には耐えても社会的・政治的意味をふくめての人倫的評価には耐ええない、否、むしろ人倫的には否定されねばならぬ行動が生じる。献身はそれをなす者に満足感をあたえ、端(はた)目には美しく見えるし、そこには確かに生命の華々しい燃焼があり、生の躍動(エラン・ビタール)がある。その点のみに着目してそれを原理化した例が「ロマン派」や「生の哲学」に見られる。周知のとおり、ロマン派はその貢献を上まわる反動性をもったし、「生の哲学」もまたファシズムの温床となった。実存主義も献身対象論による補完を欠く場合には同じ危険を招来する性格をもっている。

単独者の実存にこそ人間の現実性があるとする実存的呼びかけに応じようとするとき、一人ひとりの人間にとって最大の問題は、みずからの置かれた状況の内でいかなる形で具体的に状況にかかわり、いかなる所に自己を拘束し、何に生きがいを求めるかの選択である。実存が文字どおり人間の現実性を実現するのは選択においてであるから、何が選択されるかよりも、選択するというあり方において主体性を確保することが先決だとする実存主張の基本は肯けるにしても、その基本を認めたうえで、なおかつ選択はこれに劣らず重要視されなければならない。われわれは実際には意志においても、それにもとづく行為においても、さまざまな可能性の前で、そのつど一つのものの選択に迫られる。しかもその一つのものが生きがいを感じさせるものでなければならない。しかしながら、ひとに生きがいを感じさせるものはきわめて多様である。にもかかわらず実存主義がそこで言いうることは、「真剣に」「厳粛に」ということにすぎない。だが、真剣とか厳粛とかいうことほど言葉の重さに反して無規定的なものはない。それゆえ、実際には真剣・厳粛な選択というのが、きわめて主観的・恣意的なものに委ねられる結果になる。心情的にまごころから選ばれるものが、しばしば反社会的な行為となることは、われわれが日常経験することである。しかもそれに献身するとしたら、周囲にとっては大きな禍いである。これについては心情倫理を補うに責任倫理をもってする必要を説くマックス・ウェーバーの警告が、どれほど重んじられても重んじられすぎることはないであろう。

たしかに科学と理性の導出するものに無邪気に薔薇色の夢をのせた近代の期待は満たされなかった。しかし、その近代の超克のためにかつぎ出された心情・生命・良心、あるいは風土、その他もろもろのデモーニッシュなものは、科学や理性の全体支配の批判としては否定性の意義を発揚したものの、それ自身が同じ全体支配を企てたとき、その盲目性は非合理主義を恥知らずなものにした。これらの苦汁を近い歴史において経験したにもかかわらず、現代は今なお、合理的なものとの正当な出会いを達成することができず、病いをいよいよ深めつつあるように見える。広島の原爆患者の血やベトナムの母親たちの涙とペンタゴンの電子計算機との間には、まさに太平洋の隔りがあり、船も飛行機も電波もそれを繋ぐ機能を持ちえないでいる。合理的なものがゆがんだ形で非合理的なものにつながり、あるいは科学の成果が理性と結びつかぬ心情に利用される時の恐るべき非人間性を、われわれは今日の社会的事実のうちで日々経験し、かつそれが人類を破滅させるほどの規模で生じかねない世界状況のうちに立たされている。

しばしば言われるように、技術化が進んだ今日では世界が小さくなったとともに、政治が生活にとってもつ意味がきわめて大きくなった。われわれが自己への、従ってまた状況へのかかわりを選択するにあたって、われわれは状況が右のようなものであることを考えなければならない。われわれが直接にかかわる状況は小さな状況であるが、その小状況は社会状況や世界状況に緊密につながっている。また、主観的意図がどうあろうとも、われわれの行為のひとつひとつが政治的意味をもつことを免れるわけにはいかない。従ってわれわれは日常的な状況のなかでの身の処し方にあたっても、単に心情的にではなく、理性的に、それも断片的な知識においてではなく、あらゆる関係を全体関連において総括的にとらえる体系的知識において選択するのでなければ、意図に反した結果を招きかねない。近視眼的な欲望充足はかえって元も子もなくすかもしれず、小さな親切がむしろ仇となるかもしれない。状況に直接かかわりある知識は容易に考慮されるであろうが、専門的な知識の詳細となると、われわれは専門家の知識を借りなければならない。しかし、テレビの器械の詳細は知らなくても、スイッチの所在やチャンネルの動かし方や少々の映像の調整ぐらいは誰でも知っているように、身近の状況に相関する世界状況の全体のスイッチやチャンネルや調整法ぐらいは知っていなければならない。選択が真剣なものであるとは、良心の声に聞くだけではなく、同じく人間の財産である学問に裏づけられたものであることを要する。現在、世界状況がわれわれに要求するエトスは、われわれが身近な状況で日常的にもっているエトスと切り離しては考えられない。アメリカのベトナム侵略をやめさせることのできない世界政治は、神話を歴史にとりこんで児童に教えようとする日本の政治とつながり、それはまた長島選手のボーナスが四千万円であることや、佐世保で学生が警官に撲られているときにゴーゴーを踊っているかもしれないあなたと無関係ではないだろう。

われわれの学ぶことのできる世界観は、それぞれの置かれている状況のしくみと、そこに働く法則を教えてくれる。またイデオロギーと呼ばれるものは、われわれの現在の状況の政治的意味を解明してくれる。少くとも状況にかかわろうとするかぎり、われわれはこれらを、状況がそれに従ってしか動きえぬ論理を示唆するものとして、決断の前に考慮にいれなければならない。もちろん世界観やイデオロギーに対する安易な近づきは危険であり、これらに接するさいには批判的吟味が必要である。なぜなら、諸科学の進歩はまだ進行中であり、世界観には体系化の構成の無理がつきものであり、イデオロギーには権力闘争の武器としての粉飾がこらされているからである。しかし、状況下の自由における選択にさいして、今日何にもまして重要と思われるのは人間的な痛覚である。せわしなく、せちがらい生活を強いられている中で、ひとはともすればそれを失いがちであるにもかかわらず、いま世界状況が最も必要としているものこそ、この人間的痛覚なのである。広島の血とベトナムの涙がつながれうる先は、ペンタゴンのコンピューターではなく、アメリカ人の人間的痛覚なのである。われわれもまた、これにもとづいてこそ核兵器や戦争や、さらには飢えや貧困の前で人類を実現することができるのである。賢明な選択の前提になるのは、選ばれうる可能性の豊富さである。ひとは、それまで不可能としか見なかったものを、啓蒙によって可能性の数にいれることを知る。それにもまして豊かな可能性を約束するものは、想像力である。子供らしい空想さえもが実は大人には思いもよらぬ創造力の源であり、新たな未来はそこに迎え入れられる。それゆえ、まず開発されねばならぬものは、創造力ではなくて想像力である。われわれが自分一個の実存的関心から状況へのかかわりを選びとろうとするとき、時間的にも空間的にも想像力の翼を強靱ならしめることが、いまの世界の現実にかかわることの意味を可能にする。想像力において十字架上のイエスと同時的になり、アラゴンの言う「未来の種子」(アラゴン著『聖週間』の一章をなす)の開花を見、アパルトヘイトの下での黒人と共にあり、延安の民兵と杯をくみ交わしうることが、いまや最も現実的なことなのである。

三　終末論的視点の問題

単独者の自由における選択が、状況へのかかわりとして真剣なものであろうとすれば、その真剣さはどれほどの視点と射程を伴わねばならぬかが、前節の関心事であった。みずからの単なる生存を、生きがいのある生存としてとりもどすことは、実は世界の中で、また歴史の中でいかなる役割を演ずる存在に自己を拘束するかにかかっている。自己を選ぶことは世界を選ぶことである。選択において主体的に選びとられるものは、そこにおいて主体がみずからをあえて客体化する場所である、そこを場として、それへのかかわりにおいて実存が実現する。そのために生きもし死にもするほどのものが、生きがいとしてその選択に求められるわけであるから、ここでの選択は存亡にかかわる巨大な責任を負わされている。ひとは生きがいあるものに奉仕して悔いない。人間が主体的であろうとすることは、むしろそれに対して、みずからを客体化し、物化し、機能化し、それに仕えて何がしかの役割を果たすべき対象と出会うことを求め、それとのかかわりにおいて自己を実現しようとすることであるといえる。人間がかかわりにおいてのみ主体性として立つことができ、自己自身へのかかわりが他者へのかかわりを通じて成り立つことができ、どの一つの他者へのかかわりも歴史的世界へのかかわりの意味をもつのが、世界内存在としてのそれぞれの存在状況である。選択対象への献身、もしくは自己拘束は、「主体がみずからを客体とのかかわりにおいて客体化することによって主体性を実現する」という主体性の逆説的構造を反映する事実である。

このように実存的な人間把握においては、あらゆる瞬間にそのつど主体性を実現し、主体性におけるみずからの客体化以外には、外部からのいっさいの客体化を拒むことが、人間性の保障と考えられる。そのかぎりにおいて、実存的主体性はあくまでも単独者の持ち物であって、「衆」あるいは「多数者」と共同することのできぬ孤独な場におかれている。前記の自由における選択の緊張をいよいよ真剣ならしめ、その巨大な責任の前でおそれおののかざるをえなくさせるのも、単独者のこの孤独である。したがって単独者の主体性は自己以外に、自己を規制するいかなる権威をも認めない。実存的視点がたえずおのれ自身をふくめていっさいの既成性に死を見、そのつど新たな生成を課題として提起するものであることは先に述べられたが、いかなる既成の権威をも、その既成性のゆえに権威と認めることができず、必要な権威は自己によって主体的にそのつど立てられねばならぬものとし、既往・既存・必然・大勢から自由に、あらゆるものを内面化せずにはおかないのが単独者である。単独者は内面性のカテゴリーであり、その持ち物である主体性は否定性である。

さて以上の意味での主体性は、「主体性が真理である、客観性は虚偽である」という命題が妥当なかぎりでの人間的な真剣さの試みである。しかし、その多くの局面においてすでに前兆が示され、遠鳴りが聞こえ、影がさしていたように、人間の真剣さにもかかわらず、否、むしろ真剣さのゆえに、人間は人間的・主体的努力のさなかで、そのすべてを絶望と見るもう一つの視点をもつ瞬間がある。過去の回想に希望を見いだす老人をも、未来の空想に希望を見いだす少年をも拒んで、そのつどの現在の瞬間に希望的にかかわろうとするのが実存であるが、ここではその現在にも絶望せざるをえない。また全世界を自己に集中し、自己に対するかかわりが同時に世界に対するかかわりであるとして、世界の全重量において自己にかかわろうとするのが実存であるが、ここではその自己にも絶望するのである。ハムレットの口上で言うならば「時間の継ぎ目が断ち切れた」と表現されるところに成立する実存の瞬間は、その断絶が現存在に対しては否定性の意味をもつとともに、実存にとっては満たされることが課題であるような空間としての意味をもつ。瞬間のこの構造をとらえて、ひとびとは「瞬間とは時と永遠との交点である」とか、「それは時間と永遠との出会いの場である」とか表現している。

あるいはまた「時が終り、永遠が始まるところ」とも言われた。みずからの試みる努力のすべてが空しく、世界と人間のすべてが遠のき、不安とおそれのうちに自分自身と対面する瞬間がある。これまで生きがいと思われていたいっさいが、その瞬間には、かいのないものとされ、そのかわりに生きがいとされうる何ひとつも存在しない、むしろ存在しえないと思われる。われわれはこの視点を、主体性をふくめて人間的ないっさいのものが相対性の次元でのものであることを確認する絶対性の視点として理解することができる。すべての権威を破壊さるべき偶像の意味に置きかえ、すべての現存在を空無と感じさせる否定性の根源として、この瞬間は機能する。そこでは選択をそのものとして可能にしていた現存在におけるいっさいの差別性が消失し、人間の主体性もまたその根拠を失う。「時は縮まれり、さればこれよりのち妻をもつ者はもたぬがごとく、泣く者は泣かぬがごとく、喜ぶ者は喜ばぬがごとくすべし」(『コリント前書』七章)。「生も一時の位にして、死もまた一時の位なり。生として願う心なく、死として厭う心なく、よろずに願う心なく、厭う心なければこれを仏と名づく。また他に求むることなかれ」(『正法眼蔵』生死の巻)。いっさいの差別が失われるとともに、人間性一般の挫折を覚えさせられるこの瞬間において、当然のことながら、すべての人間の平等性の自覚の場がしつらえられる。

人間を最大の規模で死におとしいれるこの瞬間の存在する現実をとらえ、それに耐えることを可能にするものとして、人類の歴史はさまざまな宗教の伝承をもち、神あるいは仏の名において超越の絶対的視点を有効に機能させてきた。西欧の思想伝統においては、キリスト教、とくにその終末論が、人間的思考にたえずこの視点からのまなざしを投じ、思想・文化・人間・世界が、既成性において退廃したそのつど古びた権威を亡ぼし、新しい権威を生じさせる否定的媒介者（創造的無）として機能してきた。もちろん宗教は、集団を構成することによってその実定性を獲得し、しかし同時に集団の論理に支配され、その本領を蔽いかねない既成性に堕すことがしばしばであるが、それにもかかわらず完全に蔽いつくされることはなく、世界の夜警手として人間を守り、絶対者のもとにやすらわせる。絶対的な孤独において自分自身に対面させられる単独者のあり方を、キルケゴールは（そしてその点では他の実存主義者たちも同様であるが）「自己の前に」と表現すると同時に、ほとんど常にそれを言い換えるような趣きで「神の前で」と追記している。ここでは、人間にとって最も厳粛な場所で自己に出会う瞬間は、それを通じて神に出会う瞬間なのである。人間に絶望するところは、神が希望でありうるところである。否定性が同時に救済となりうるゆえんである。キルケゴールの図式によれば、主体的人間は、その選択において完全を期しえず、選択されたものの実践においても「げに心は熱すれども肉体弱きなり」と嘆かざるをえない二重の挫折に脅かされる。この主体性の限界がかの瞬間であり、「主体性は虚偽である。客観性が真理である」という命題への、信仰における転換は、かの瞬間の出来事なのである。

しかしながら自己の主体性そのものが脅かされる、かの単独者の孤独の瞬間に、絶対的なものへの転換に耐ええず、依然として人間的なものに根拠を求め、しかもそれを求めえないとき、人間はまったく無自覚的な状態における場合と同じ無関心・無為に低迷することになる。小児のごとき無関心と、瞬間における頽落としての無関心とは、構造の差はあっても、ともに結果的にはその無為のゆえに強者・多数者・既成性に味方することになり、それが誤ちを犯す場合には状況内存在の逃れえぬ責任を追求されざるをえない（ヤセンスキー著『無関心な人々の共謀』）。われわれはサルトルに導かれつつ、個々のあいだには利害その他による厳しい差違と対立があるにもかかわらず、他者のまなざしのもとに均等に見られ、一括して遇される場合、そこに連帯共同の存在把握の意識が生じうることを学ぶ。たとえば個々の労働者は資本家の前で、人類は核戦争の脅威の前で、それぞれに共同の運命下に置かれ、したがって労働者は階級として、人間は人類として、広範な連帯を実現することができるはずである。

しかし人間のこの連帯と共同の自覚を最も根源的な場で保障するものは「神の面前における人間」と言いならわされ、自己自身の前での人間とも言われる、かの単独者の瞬間における自覚である。神のまなざしのもとでは、すべての人間が現存在としてのあらゆる個性のままで、完全に平等だからである。これに対応して考えれば、人類の未来を担うものとして類的本質を生きるとされる労働者階級は、連帯共同の理念にもとづく社会主義社会における共存的人間を実現するにあたり、人間性のさらにいっそう深い根拠にまでさかのぼることを余儀なくされるように思われる。

参考文献

1　務台理作編『実存の思想』（弘文堂、一九五九年）のうち、とくに「キルケゴールにおける『自己』の概念」。
2　アラゴン『聖週間』（Louis Aragon, *La Seminare Sainte*）小島輝正訳、平凡社、上下巻とも一九六三年。
3　ヤセンスキー『無関心な人々の共謀』（Бруно Ясенский, *Заговор равнодушных*）中谷鴻介・江川卓訳、青木書店、上下巻とも一九五六年、また江川卓・工藤幸雄訳、河出書房新社、一九七四年。

哲学者と哲学研究者

Ａ――きみは日頃から哲学の不振をいってる仲間の一人だが、『理想』誌（一九五九年九月号）の「日本哲学界の展望」という特集は、そういう非難や歎きがあるところから、それでは日本の哲学界はどういうことになっているのか、日本の哲学者たちは、誰がどんな立場でどんなことを問題にし、どんな成果をえているのかを、ひととおりオンパレードしてみようという試みだったと思うんだ。企画が誌面で成功したとは必ずしもいえないかもしれないが、とにかくあの実状報告を見た上で、やっぱり日本の哲学は不振だときみが断定するかどうか、まずそれをたずねたいのだが……

Ｂ――不振よりまだわるい。不毛という気がしますね。個々の部分については生産的な思考もいろいろあるけれども、哲学界全体としては実に非生産的な、度しがたい状態に支配されている感じで、腹がたちますね。

Ａ――不毛だ、非生産的だという批評になると、決定的なところに欠陥があるということになるが、決定的な誤りは、きみにいわせると何なんだろう。どういうところにきみは腹がたつのかね。

B――一言でいえば、哲学研究者は掃いて棄てるほどいるが、哲学者はいないということですね。

A――そう、そう、哲学研究者と哲学者、そいつもきみの持論だったな。専門の哲学研究者でない人たちが、哲学は不振だ、何をしているという言いかたをするとき、やっぱりきみとおなじことをいうようだ。それに哲学の不振ということ自体が、哲学畑から言いだされたのではなくて、どうも大体は哲学畑の外からの声なんだな。これに対して哲学研究者の方では、それなりに反省すべき点はあると思いながらも、そういう外部からの声はいわば雑音のたぐいと聞いて、哲学がとくに他の分野にくらべて不振だとは思っていないのが実状じゃないかな、自分たちはとにかく研究をして哲学をしている。これ以外に特に哲学者のする何があるのか。町の哲学者風の哲学のことをいうのなら論外だと、哲学研究者にはそういう頭があるね。俗に芸者の哲学とか金貸しの哲学とかいった言いかたがあるように、経験的な処世知であれ何であれ、多少でも理性的に考える以上、人間だれもが哲学者だといっていえないことはないが、不振だとか不毛だとかいわれる哲学や哲学者は、そういうものとは一応区別された学問としての哲学、その哲学にとり組む者のことをいうわけだね。そのばあい、きみがいないという哲学者と、ワンサといるという哲学研究者と、どうちがってくるのだろう。学としてのかぎり哲学は哲学研究とおなじことになりはしないか。

B――哲学者が同時に哲学研究者であるという重なりかたは、当然そうなると思います。いろいろな学問分野のなかで専門の学としての哲学となれば、それは当然でしょう。私が言うのも、その意味の哲学なんです。しかも、そこで、研究者はいるが哲学者はいないと思うわけです。プラトンの研究者はいる。スピノザの研究者も、マルクスやキルケゴールの研究者もそれぞれいる。多すぎるくらい、いる。哲学史の研究者もおなじです。だが、哲学者はいない。つまり、哲学の職人はたくさんいるけれども、アリストテレスのいわゆる棟梁の術（アルケテクトニケー）の意味で哲学する者がいないというのです。棟梁は職人の技術ももちろん習得しているし、みずから職人でもあるが、単なる職人ではなく、目的に応じた構造物を構想し、設計し、それぞれの職人の技術をそれぞれの場にあてて、指導し、監督し、実現する。棟梁は要するに職人でもあるが、職人かならずしも棟梁ではない。この論理なのです。哲学者は同時に哲学研究者でもあるが、哲学研究者かならずしも哲学者ではない。プラトンの哲学を研究するには、プラトンの考えを追って自分でも考えなければ理解できないですから、その意味では考えもするし、そのかぎりでは彼も哲学者といえるかもしれませんが、プラトン哲学研究者でとどまるかぎり、彼の思考はプラトンを追思考するという限定をもっており、いや、むしろ、種々の文献学的研究に支えられながらもその限界内に忠実にとどまることこそ、プラトン哲学研究者として哲学史研究に貢献するゆえんでしょう。研究者というのは、何のばあいでも、ある限界内での分析的、綜合的探求を理論的に進める性格の職人だと思うのです。もちろん、それはそれなりに大切なことだし、大いにやってもらわなければなりません。しかし、哲学の技術者ばかりでは困ると思うのです。「哲学とは何かと問うことがすでに哲学することだ」とは哲学の研究者たちがみな職業的哲学教授として講壇から語ることですが、その「哲学とは何か」という始元から問い始めることを自分でやり、そこから出てくるもろもろの問題をみずから受けとめ、みずから思考するところに哲学の本領はあり、哲学者とはそうする者だと思うのです。愚かな誤りや躓きをその思考過程でおかさないためには、哲学史の知識が役だつでしょうし、哲学および哲学史の研究者たちに負うことも大きいでしょう。また、自分自身も或る人の哲学や哲学史を研究することによって、思考の訓練をしたり、自分の思考のための大切な示唆を得たりすることも勿論あるでしょう。だが、思考する主体が自分であるというその責任のもとで、自由に構想し、理論を展開するのが哲学者でしょう。

A――せっかくの大演説の途中だが、きみの言う哲学者の条件にあった、そもそもの始元にまでたちもどって自分で考えてみるというのはいいとして、いま言った自分の主体的責任において自由に構想し云々……というのは。

B――自由にということは、恣意的とか主観的とかと同一視されがちなんで御心配なのでしょうが、もちろん自由は自由であって恣意でも主観でもありませんよ。哲学者の思考は理性的で、文学者の空想とはちがいますからね。もっとも、空想と思われているものでも実は理性的思考にたえるものであることがあとでわかるような場合もあるので、何が空想かは厳密に考えてみなければなりませんがね。ですから、自由に構想するというのは、理性が自由であるかぎりにおける自由なのです。

A――それで、まあその点は安心した。事実に反する空中楼閣を、どこかの裁判官のように主体的責任において自由に構想する哲学者に出てこられては迷惑だからね。

B――さっきの空想のように、何が事実かということは認識論の問題にもなり、簡単に客観的事実を認定することは困難ですが、明らかに客観的事実と認定された事実に反するような思想を構想することは、恣意的・主観的にはありえても、自由に構想することからは出てこないでしょう。それは思想の名にあたいしない知的遊戯ですね。現実の棟梁だって、空中楼閣を遊びに夢みることはあっても、彼が実際に自由に構想するのは、人間が使用することのできる、建築することのできる家なんだし、哲学者が棟梁とおなじ現実性をもっているかどうか疑われるとしたら、哲学者もあわれすぎますよ。私には、なんといっても哲学者というものに期待があるんです。

A――まぜっかえすようなことをいって悪かったが、きみの言う哲学者が棟梁だとすると、棟梁が建築に必要なあらゆる職種について一応の技術、少くとも知識はもっているように、哲学者も自然のこと、社会のこと、人間のこと、歴史のこと、あらゆる学問領域にわたって、何でも知ってなきゃならんということになるが、ギリシャの昔ならいざ知らず、学問が専門分化で今のように複雑多岐にわたって高度に発展している時代に、そんなことが可能だろうか。

B——棟梁だって、建築に必要ないろんな技術をそれぞれの熟練した職人なみに何でも出来るというわけではないでしょう。しかし棟梁たるからにはそれぞれの技術の現在の水準だとか、それが取り組んでいる課題だとかについての知識や、それがそうなる原理的な洞察だけはもっていなければつとまらないわけで、一方では最新技術をとりいれもするし、他方では自分のアイデアやデザインを生かすために技術に要求を出したり示唆をあたえたりもするはずです。哲学者も諸科学についてそのていどの理解は要求されると思います。ライプニッツ哲学の研究者なら、文献をかかえて浮世ばなれした所で他のことは見ざる聞かざるでいても、研究成果を得ることはできるでしょうが、哲学者は原水爆の問題から延いては原子力の意味への洞察や、世界の政治的経済的情勢とそこでの動向と運動原理の理解、生化学が開拓する生命現象の動態など、いろいろの学問の成果と理論について、基本的な展望だけはもっていないと資格に欠けると思います。その資格をそなえるためには、吉岡修一郎氏やその他にも自然科学畑の人々が提案するように、自然科学でも社会科学でもいいから何かひとつの部門を勉強してみるのもいいことではないかと思います。もっとも、私はいわゆる哲学史の研究を古代からまともにやってみるなら、哲学以外の学科を研究することが特に必要だとは思いませんがね。

A——そうすると、そういう哲学者の哲学は、万学の女王たる位置を失墜しないわけだな。

B——ふんぞり返ることはない。女王でなくても、婢女でも、縁の下の力もちでもいいのです。問題は包括的に諸科学の水準と、そのよってきたるゆえんの展望をもつことが、哲学者の条件になるということです。そうした展望をもった上で、ひとが実践の準拠ともなしうるような理念を理論的に思想にまで構成することが哲学で、哲学者とはそういう思想構成をするもののことをいうのだと考えますね。棟梁がまた出ますが、棟梁はいろんな職能の統括者であると共に、そのためにも必要な棟梁の本質は彼が建築されるものの形相(エイドス)を目的因としてもっていることにあるわけで、哲学者も理念というエイドスを構想し、それを展開することが本領でしょう。

A——哲学者は壮大なことになるもんだね。そんな哲学者は、見渡したところちょいというもないし、だから哲学は不振、不毛なんだと言うきみの気もちもわからんではないが、要するに哲学的英雄待望論なんだね。

B——英雄というか天才というか、そういう哲学的才能が哲学史を見ればいたのですし、今からでも出てほしいという気はしますね。しかし、特別の天才ではないまでも、哲学研究者がおれも哲学者の端くれだと思うなら、小型で、まちがいだらけなのはしかたがないとしても、とにかく自分の構想をもち、その理念を展開するだけのことはやらなきゃならんはずでしょう。それがサッパリないんですね。たまに先哲の枠にとらわれず、自由に自分流にアルファから構想しようとする動きがあると、生意気な奴だとばかり、寄ってたかって踏みつけにして、グウの音も出なくしてしまう。誤りの指摘はきびしいのが当りまえだが、育てようという気配がまるでないのですね。だからといってペシャンコになってしまうほうもダラシがないが、小姑よろしくいびりまわす風潮は、どうみても生産的とはいえないじゃありませんか。叩きつぶすのは批判という形ですから、破壊的な批判でもまだしも客観的意義をもつが、たいていは一所懸命とり組んで考えたことを、ハナから無視してかえりみず、セセラ笑っているんですからね。哲学研究者の根城になっているアカデミズムが、新しい構想で哲学する者のためにサービスするのでなしに、もっぱらそれを引きずりおろして愉快がるような、さもしいものになりさがっていますね。アカデミズムの番犬的役割というのを、もっと建設的・生産的なものにしなけりゃ駄目です。そんなことになるのも、哲学研究者には哲学者ないし哲学者たらんとする者に対して劣等意識があるせいで、自分が哲学していないことを哲学研究者自身がいちばんよく知っているからではないかとさえ思いますね。哲学することは自由に構想するという点では、ドン・キホーテ的な勇敢さが必要なんですよ。とくにこういう風潮のなかではね。実際にドン・キホーテでは哲学にならないが、古くからの先人の哲学を教条的にたてまつって、そこから一歩も出ようとしない連中にとっては、ドン・キホーテと見られることを覚悟しなければならんでしょう。事実、新しい理念は古い理念からはいつもドン・キホーテ視されたものなんです。

A——今日はばかにきみの鼻息が荒いもんだから、ぼくのほうがタジタジで、言いたいことも出しにくくなってしまったが、まあそれは日を改めて出すとして、今日はきみに言いたいだけ言ってもらおう。そしてきみの言いぶんに即していくらか検討することにしよう。哲学者ドン・キホーテ論はだいぶさしさわりがありそうだが、それについてきみはしきりに自分自身でアルファから考えるだの、初手からの自分の構想を理念的に展開するのだというが、先人の哲学的業績の上に積みあげて次の者にあとをゆだねるといった考慮はないのかね。

B——そんな質問を受けようとは思わなかったな。アルファから問い始めることこそが哲学で、哲学者は自分の責任において主体的に哲学するかぎりアルファから始めざるをえないのはあたりまえでしょう。これは哲学者の主体性の問題なんです。主体的にアルファから問題にしていくときに、先輩哲学者たちの思想に共鳴できるものがあれば、もちろんそれを採用するでしょうし、示唆があればそれを考慮もするでしょう。せっかくの遺産なんだから利用しないてはありませんよ。ただ、それらを採用するのも考慮するのも、彼の自由なる構想において彼がそれらを主体的に採用し考慮するというだけのことです。過去のあらゆるすぐれた哲学から、それぞれのすぐれた点を吟味して、それに学びながら、アルファからベータ、ガンマと考え進むことができるでしょうし、時に一貫した理念としてそれを展開し、発展させることが彼の主体的判断において正しいと認められるような理念に出会うこともあるでしょう。その時には彼が自覚的にその理念の発展の系列上で積みかさねることを自分の課題とするようになるでしょう。それでも、彼が主体的にアルファから考えているということには変りないわけです。キルケゴールのばあいでも、彼自身が主体的にアルファから考えることと、彼がソクラテスの系列において自分の位置を自覚することとは矛盾ではないし、彼が批判するヘーゲルからさえ多くを学んでとりいれることをしています。これはマルクスのばあいでも誰のばあいでも同じようなことがあるはずです。

また、個々の哲学者の自身の自由な構想も、客観的に哲学史的に見れば、おのずから前を受け後に託することになっているはずです。哲学史の勉強をまったくしないでの哲学などというものは今ではありえないし、取るにたらぬ構想でしかないものは受け継がれもしないと同時に、哲学の名に価しないでしょうからね。

A——しかし、めいめいが自己流の構想というのをテンデンバラバラにやりだしたら、どえらいことになりそうだな。そうでなくても哲学上のたいせつなことばのたぐいに概念の混乱があって、そのために議論が噛みあわないような風景がしばしばあるんだものね。実存だって、主体性だって、どうかすると唯物論という概念や、理性の概念さえ、人によってまちまちだったりするんだ。そこへもってきて、新しい理念を追っかけてワッショイワッショイ新造語など持ち出して摩訶不思議みたいな思想表現を氾濫させられたら、手に負えないと思わないかね。

B——それで混乱するようだと、まだたのもしいのですがね。遺憾ながら、哲学するというにはあまりにも構想力貧困な哲学研究先生がたばかりで、そうはなりそうもありませんね。少なくとも今はまだそんな気配はありませんね。それは別として、現にある概念の不明確や混乱は、たしかに分析哲学の狙いが出てくるのも当然なほど、できるだけ整理してほしいものですね。哲学がロゴスにかかわるもので、伝達手段としての言語というもの自体の限界性を考えると、せっかくの分析哲学の意図もどこまで実現するか、私など内心悲観的ですが、出来るところまででもみんなで心掛けるべきだと思いますよ。なにしろ、人間ひとりひとり顔かたちがちがって個別的な存在である以上、「私はあなたを愛します」という、いちばん単純で大事な文章でさえ、言う者と聞く者で一致した内容をどこまでもっているか危っかしいものですし、沢田允茂氏の報告でみても、謳い文句のメタ理論においても普遍的に承認されるものはいくつかの論理的常数と呼ばれるもの以下いくらもないし、文字の効果を数字の効果とおなじレベルにまで普遍的にもっていくには、道とおく、それには人間の個性がまったき普遍性に解消することが必要ではないかとさえ思われるのですからね。だが、たとえば実存という概念にしても、実存するのは個別者であり個々の実存の内容や様態がそれぞれであるのはむしろそうあってしかるべきことですが、ことばの約束として実存の語にどんな意味をもたせるかについては、この語を用いる実存哲学者諸先生の間ではっきりさせてくれなければ困るし、現に実存性が単なる個体性の同意語でしかないような用いかたもされている状態なんです。それから、マルクス主義哲学のばあいも、いちばん大事な唯物論というものについてのことばとしての約束が周知徹底されていないらしく、唯物論そのものと個々のいわゆる唯物論者の唯物論的体系とがいっしょくたにされて、そのために唯物論者自身が理論上の誤りをおかすことになったり、唯物論を事実に反して不当に偏狭頑固なものと印象づけることになったりすることがあるらしい。大井正氏が執拗に唯物論が立場にすぎぬことを強調して、唯物論者の個々の体系を唯物論の立場から批判するのも、そういう点の警戒からきているのですね。

A――ところで、唯物論に触れたので思いついたのだが、きみのいわゆる主体的な理念の構想のばあいは、主体的というからにはむろん個人がひとりで理論を構成していくのだろうが、そこでは思想の共同作業、幾人かで分担するようなことはありえないわけだね。

B――そうです。哲学者が主体的に哲学するというかぎりでは、彼は単独で作業するのであって、共同作業はありえません。思考するのも構想するのも個人の単独作業で、共同で思考するとか、共同で構想するとかいうのは、事実としてそんなことはありえないノンセンスです。しかし、俗に「いっしょに考える」ということばがあるように、考えるという作業の点ではひとりひとりが考えるしかないが、共通の問題をそれぞれに考えて、考えた内容を知らせあって、益しあうという意味での思想の共同作業はもちろんありうるし、むしろ個性の限界を補う助けになるものとして、大いにやらなければならないと思う。それが討論とか論争とかになるわけで、その意味では哲学は密室の魔術のごときものであってはならず、公開されて論議され、かつ実践的事実で検証されるべきです。そうしてこそ共通の文化財として健全な発展もするというものでしょう。つまり多数の人々の協力は、彼の構想の一部を詳細に検討し発展させるという形で、客観的には分担したような結果になることもあるでしょう。それでも、幾人かがそのように協力して論議してひとつの思想を得たとしても、それはそれらのメンバーがそれぞれ他のメンバーの思考を追思考してみずからその思想に達することを共にしたという構造であって、他の学問分野での研究分担のごとく、ある部分の研究は分担者の研究にゆだねて、そこで得られたデータから出る決定をそのまま採用してすまされるものでないところに、いわゆる研究と、哲学することとの決定的なちがいがあるように思いますね。他人の思考を採用するばあいでも、自分で追思考することによって、とにかく自分の思考にしてしまう過程を省略することがないので、終始一貫して自分が考えるという性格があるわけです。

A——それでは、きみの哲学者についての意見のなかでの大事なことだと思うからたずねておきたいのだが、哲学するためのかなめになる構想力が貧困だという点で、それについてきみはどんなことを考えているのか聞かせてくれないか。哲学の不振、不毛の最大原因だということだから。

B——もの言えば唇さむしで、一言いうと百万言ならべなければすまないような追いつめられかたをして、弱っちゃうな。簡単にいうと、要するにこれが現代日本の哲学だといって示せるものが何もないという事実が、構想力の貧困を何よりよく証明していると思うのですよ。とにかくヨーロッパだと、今でもラッセルにしろ、ハイデガーにしろ、サルトルにしろ、そのほかにも独自の構想で哲学といえるものがあるんだが。

A——そういってしまうと身も蓋もないが、では、ちょっと前になるが西田哲学などどういうことになるのかね。構想としてはヨーロッパの哲学者なみだといわれているが。

B——大風呂敷ひろげながら、僕自身おひざもとの日本の哲学のほとんど唯一ともいわれている西田哲学について、はっきりした評価をくだせるだけ勉強してなくて恥ずかしいが、これだけは言えると思いますね。今までのところでは最も構想力のゆたかな、したがって構想もユニークで、理論的な展開を実現したという意味でも、日本の第一の哲学者だったと。それだけに時代的な背景や、取り入れられているいわゆる日本的、東洋的、仏教的なものや、その体系のうち現在も生きている理念の有無、その理念の進歩的な部分と反動的な部分の分析など、この辺でもう一度評価しなおしておくことが必要だし、それに値するものでしょう。ただね、歴史的評価をはなれると、戦後早い時期に批判された「あまりにも観念的」というのがやはり決定的で、それはたとえば実践とか行為とかが問題にされても、考えることが実践であり行為であるという限界内でのそれであって、そのことは西田博士自身の生活が書斎のそれであったという事実とむすびついて、その意味では西田博士自身の実存の反映としてはきわめて忠実に実存的な哲学だったとは言えても、それによってわれわれの生活に準拠をあたえうるような哲学ではないように思われる。世界が存在する一切の総体だと見る立場から出発する科学的思考に対して、一茎の葉、一個の石に全世界を見るという風な立場は、いわば芸術的思考の立場だといえるかもしれないが、いってみれば西田哲学には後者の面目が躍如としているように見えてならないのです。西田哲学について最も理解をもっているはずの務台博士がいつかこう述懐しておられましたよ。「僕はこのごろになってやっと西田哲学の何たるかがわかったような気がするんだが、あれは芸術品なんだね。実用にはならないし、それ自身がひとつの完結した世界なのだから、その哲学に次の時代が積み継いでいくことのできるような性質のものではなく、しかしその内部に入りこめば十分鑑賞にたえるものをもっている。」これは傾聴にあたいすることばだと思って、ぼくはよくおぼえているのです。

それから、さっきの構想力の貧困ということだけれども、構想力にかけては、およそ哲学研究者は芸術家にかなわないんですね。だもんだから、芸術家の発想に期待して作家などに色目をつかうということがでてくる。どうも学という奴がともすると人間を悟性的にして、だんだん構想力を萎縮させていく傾向があるのではないかと思いますね。数学や物理学でも偉大な業績の可能性があるのは構想力のゆたかな三十歳までで、それまでに緒につかなければ第一級の学者にはなれない、ということがいわれますが、哲学でも同じことで、これは年齢的なヴァイタル・エナージーに大いに依存しているけれども、芸術家が若若しくて構想力が学者ほど衰えないところをみると、それればかりでなく、学問の研究ということに関係があると思うんです。それからまた、学問の研究者の生活というものにも、その点では考えてみなければならない問題があると思うのです。本を読んだり思索したりの書斎中心の生活、これは俗な生活とははかけはなれたものなんですね。「外には緑の園」で、街でうごめいている人々の日々の生活には、何といっても生命の呼吸と動きがあって、それに触れる者に生命のただならぬ混沌が土性骨を据えさせるのですが、書斎に明け暮れるとそれがなくて生命度の稀薄な、したがって構想力の貧弱なところでの発想しかできなくなってしまうのではないか。哲学は、主体的に哲学するかぎり、自分がそこに生きている時代と場所でのその哲学者の哲学であるという「時代の子」としての意味のものに当然ならざるをえないのに、その場所の人、その時代の人であることを疑われるような時代ばなれ、浮世ばなれの生活の経験と感覚しかもたなかったり、時代の知識水準や問題に不勉強であったりしたのでは、哲学者失格となるだろうし、彼自身の実存もそのあらゆるモメントにおいて緊張して生きることにならないのではないかと、私はそう思います。哲学と文学との境界線上に、これまでの哲学の不足分を埋める要素を求める必要が生じたことも、あるいは哲学研究者たちの物々しい御託宣よりも、芸者や金貸しの哲学の方に、現実に生きるための理念が近接しているように思われることが多いのも、哲学者が雑踏のなかでの生活者でないことにあるのでしょう。作家に学ぶだけではまだたりない。哲学研究者が同時に哲学者でもあろうと欲するなら、街に出ることだ。街に出て芸者に学び、金貸しに学び、学生に学び、労働者に学ぶことだ。何を学ぶかって？　生きること、生活すること、どうしてパンを得、どうして楽しみ、何を喜びとし、何を悲しみとするかをだ。

A——すっかり煙にまかれてしまったな。ところで、きみ自身はどうなのだ。哲学者なのか哲学研究者なのか。それともそのどちらでもないと逃げを張るつもりなのか。

B——いや、私はあなたの自問自答用にあなたにでっちあげられたデクノボウですよ。あなたこそ、こんなことを私に言わせておいてどうなさるつもりなのです。

A——僕かい、それは当分内証にしておこう。手品師は種あかしはしないものだからね。それより、僕たちはまだ日本の哲学者たちをなでぎりにするために話を始めたばかりで、実存の亜流哲学者たちや、自称唯物論者たちや、分析哲学者という論理の幼稚園の先生たちの講習会をのぞきまわって、いま彼らが問題にしている事柄の正体をバクロする予定だったのに、きみの長広舌できょうはもう時間ぎれだ。明日でもまた暇があったら呼びだす

――――

が、それまでに少しはましな点のやれる動きはないか、賞めことばも用意しておいてくれたまえ。

実存の哲学的問題提起について

一　これからどうなるか

これからの哲学がどうなるか、将来の哲学の根本問題が何であるか、これは哲学にたずさわる者の誰もが関心し、おぼろげながら予感し、みずからのうちで胎動するもののあるのをおぼえるようなことであるにちがいない。この問題は、「どうなるか」などと傍観者流の表現ですまされるものではなく、みずから哲学する者なら「これからいかに哲学するか」というかたちで受けとめねばならぬ問いであり、より正確には「いまいかに哲学しているか」を問うものであり、ひいては「哲学とは何であるか」という問いにいかなる答えをもっているかというところまで還元されるからである。

本来ならば、いま現に哲学している者であるかぎり、この問いに答えるものを明白にもっているはずである。でなければ、彼が現在やっていることは意味をなさない。にもかかわらず、彼一個の現在の哲学的活動を哲学が一般に取り組むべき根本問題であると客観的に規定することをつつしむのは、やはり正しい態度であろう、哲学は哲学することをおいて外には存在しない。彼がいま彼の関心のありかたにおいて哲学しているそれこれのことのうちで、哲学が何であるかは答えられている。しかし、「哲学は何であるか」はしばしば「哲学は何であるべきか」のふくみをもっている。「将来の哲学の根本問題は何であるか」という問いにおいても同様である。そしてそこには、彼が彼の関心のありかたにおいて哲学することが彼にとってはそうあるべきことであり、あるべきことが果たされているという彼一個における主体的当為を超えて、一般的な客観的当為が出されている。この客観化に大きな問題があるから、それをつつしむ態度が正しいということになるのである。当為は主体の内面的要求に発するかぎり正しいが、客観化された当為は危険だからである。

将来の哲学の根本問題が何であるかについて責任をもって答える者は、その人自身がその問題に現在とりくんでいる者でなければならないが、そのばあい右に触れたように当為について注意すべき二つのことがあるように思われる。それは、持たねばならぬ自信と持ってはならぬ自信との両者であるといえよう。彼はまず、彼自身の現在の関心事、したがって彼が現に取りくんでいる問題が、現在の彼の主体的な内面的要求であって、それを問題にせずにはいられぬ必然性が彼の内にあり、彼の人格性における当為（狭い意味での倫理的当為ではなく、人間としての全面的なありかたのなかでのどの一面においてにもせよそうあるべきこと）に沿うものであることについては、自信を持っていなければならない。

関心の事実についての自信である。しかし同時に、どれほど切要で根本的と思われる問題でも、それが現在の彼の関心に規定されていることを忘れてはならない。おなじ現在にあっても彼には別の関心が皆無ではないであろうし、まして明日も彼の関心が今日とおなじであるという保証はない。明日は今日とはまるで別のことに関心を寄せる彼が生まれる可能性さえある。極端な言いかたに聞こえるであろうが、こうした可能性のもろもろをそれとして保留することの意味がきわめて重大なのである。彼一個の生活においてさえそうなのである。とすれば、他人の関心を彼の現在の関心で覆うことの危険は容易にうかがえるだろう。ここで、持ってはならぬ自信が何であるかがあきらかになる。すなわち、自分一個の関心において根本的と見える問題をただちにすべての人間に共同の根本問題とおきかえたり、すべての人間が当然それを根本問題とすべきだと客観的当為にもっていくような自信は、誰も持ってはならぬのである。

すべての人間の代表者であるかのごとく思いあがった危険な自信を持たずとも、現在の彼の関心にもとづく根本問題が彼の現在の事実であるということに自信があるならば、それだけの事実の方があやしげな自信にもとづいて認定された客観性より万倍も重いことを思うべきである。ここはその場でないからくわしくは述べないが、ひとりの人間の或る時の唯一回的な事実でも、それを汲みあげてこそ人間という概念は作られるべきであって、まず動かぬものとして人間の概念を立て、それを尺度に或る人の或る事実を非人間的なこととしりぞけるのは、順序が逆で、それこそ非人間的なことである。もっとも、或る人の或る事実を非人間的なこととしてしりぞけるのは、存在の事実としての人間否定を意味するのではなく、理性的概念としての人間に照らして、生成の志向における価値として否定される意味のものであることが普通である。しかしその場合でも、人間の事実と人間に関する願望との関係についての安易な理解は、しばしば生きた人間のとりあつかいを誤らせる。

生きた人間のとりあつかいを誤らせる点では、理性的概念にたよる哲学が警戒せねばならぬだけでなく、宗教的信仰において一層の危険性をもつ。いずれも一定の人間理解を根拠として、その上に構想されたよりよい状態の人間の実現を望むあまり、愛から出ることにもせよ、自己の人間理解を教条（ドグマ）的に、したがって画一的に他人に迫ることに堕しやすく、そのために被害者意識をしか持てなかった人々を産みだし、時には狂信の識りをまねく事態を作りだすからである。のちに触れることになるであろうが、われわれはわれわれの人間に関する理解、したがってまた世界に関する理解、あるいはさらに神に関する理解、信仰と称するものがいかなる性格のものであるかについて思いをあらたにすべき地点に立っているようである。

二　呼びかけの共鳴盤

私は、私が現在の関心において根本的重要性を持つと考えるいくつかの問題を持っている。そして、それらの問題が現在の私の生活のなかで放置されることができず、たとえそれが時代の哲学の根本問題でないと言われても、私としてはまずそれに取りくまずにはいられない要求が私自身のうちにあるという事実を、現在の私の事実としてこれだけは自信をもって告げることができる。私の関心のありかたに地すべり的な変化が生じないかぎり、私の問題も私の問題でありつづけるだろう。もちろん前節で述べたように、それが現在の私の関心にもとづく問題であって、それをただちに他人にとっても根本問題であると押しつけたり、時代の哲学の根本問題であるべきだときめつけたりしてはならぬということを、私はわきまえているつもりである。しかし、将来の哲学の根本問題は何かという問いが出され、時代全般の哲学的課題が公共的ふくみをもって問われるとき、私はあえてこの最も厳密な意味で私的なものである私の問題をその問いの前に立たせてみたいと思う。その場合、問いに応じて提出される他の人々からのさまざまの問題に伍して、世上しばしばなされるように私もまた私の問題を「これこそそれであるべきだ」と気負った言いかたをするかもしれない。だが、そんな言いかたをするとすれば、それはたぶんそんな言いかたをする他の人々を、自分だけそうしないことによって辱しめるのが厭だからか、あるいは自惚者の集りがちなコンクールでは謙遜した風情が審査で心証点を増すような心理的袖の下を使う結果になるのを避けたいからか、それともことさらしいのが気障に思えてそれを嫌ってか、いずれにしてもできるだけ異様であることを遠ざけて他とまったく平等に、そこに立ちたいからにちがいない。だから、内心は気障を承知で厭らしさに目をつむって記してみるなら、「私はひとりこんなことを問題にしているのだが、これは問題にならぬことだろうか」という誠に自信のない、おずおずとした登場なのである。

私の持っている自信は、いまの私の関心と、そこから出てくる私の問題とが、いまの私にとって余儀ないことであるというその事実についての自信がすべてである。私の関心のありかたがそれでよいのかどうか、そこから出てくる問題が正しく提起された問題なのかどうか、要するにそのような事実において現に存在している私のありかた全体について、私はまるで自信がないのである。裏からいえば、私のいまの関心に変化の生ずる可能性、私のいまの問題が別の問題にとってかわられる可能性、要するに今のありかたの私が別のありかたの私に変わる可能性、しかもその変化が現在の私の主体的決断においてよりよいものとして選びとられる変化であるような可能性、に向って私はたえず開かれており、その関係において私は自由である。もし私が私にとって余儀ないことを単に余儀ないこととして認める以上に、そのような私に自信をもって、そのような私にとって余儀ないことはそれがすなわち正しいこと・よいことと言ってよいことであるとか、一般に余儀ないことは正しいことであるとか、余儀なさに居なおるとしたら、私にとって余儀ないことがAからBに変化するような私の変化は、良い・正しいなどの価値をも転覆させるものであり、変化前の私にあった自信は変化後の私によって消去される性格のものにすぎなかったことを暴露し、要するにこれらすべてのことは自由における主体の変化のまえでは良いも正しいもそれらを裏づける自信もすべてが相対化されることを示している。

このように自由においてまったく開かれている状態に通ずる自信のなさ故に、かえって私的な問題を公共の場に立たせてみるということも出てくるのである。その場が、私の問題に対する批判と、他のもろもろの問題提起とを通じて、私のいまの関心に変化を生ぜしめる可能性を見せるからである。この場にかぎらない。私が私見をすすんで述べるのも、他人の言説に耳をかたむけるのも、私の自己変革（それは同時に私の人間理解・世界理解・神理解の変革でもある）の可能性に出会わんがためである。また、社会的事象や自然的事象に親しい経験をもつことによって、人間による以上にこの可能性に出会うこともしばしばである。しかし、この自己変革の願望の実現は、そのつど常に自己以外の人なり物なりの存在とのコミュニケーションによって成立することであり、コミュニケーションが連帯・共同の実をなすことを考えれば、この自己変革はあくまでも主体の自己変革の意味を保持しつつ、実質的に変革路線の方向は客観性を志向するものと定位される。事実、主体的自己存在にともなう孤独のきびしさを自覚する者は、その孤独のゆえに、あらゆる存在がその存在そのことをもってする沈黙の呼びかけに対する共鳴盤を持つものというべく、たえず他者とのコミュニケーションを通じて普遍人間的なもの（客観的なもの・神的なもの）へと自己変革することを求めているのである。それを裏書きするごとく、私の自己変革の願望は、他者との共鳴を喜びとする心情をともなっており、主体の内面的深化はその底においてかえって他者との一致を用意する人間平等を予感させ、したがって最も私的な関心に由来する最も私的な問題こそ、逆に最も公共的・客観的なものに通ずるという秘かな期待をいだかせるのである。

三　人間的事実

読者は、私が自分の問題を持つといいながら、それをサラリと提出しないで、提出することについての釈明みたいなことばかりを晦渋な筆致でならべていることに、もはや業を煮やしているかもしれない。表題が晦渋なのは私の未熟のせいで申しわけないが、そのために私が述べたことの意味や意図の伝達がはばまれたとしたら私にしても残念である。なぜなら、これまでの記述は、私の問題提出に関する釈明というかたちで、実は当面の哲学的状況における問題性を指摘することにより、厳密な意味で時代の共同の財産として哲学がもつべき生産性を保持するための前提条件に保障をとりつけるねらいのものだったからである。そしてこの前提が確保されないかぎり、いかなる人からいかなる性質の問題がいかなる様相で提起されようともむなしいのである。実際の事柄としては、それはばかばかしいほど単純なことである。すなわち、問題提出は、自分の生活経験において切要な、したがって自分がそれに十分責任のもてる問題を、虚心に（という意味はなんらのドグマにとらわれることもなくまったく開かれた姿勢で）提出し、相互の関心の異同を確認することにおいて相互に人間理解をゆたかならしめ、そのことを通じて問題の共同性と解決への協力を獲得するだけのコミュニケーションの成立を期する性質のものであろうという、ただそれだけのことである。しかし、実情はこの単純なことを決して実現していない。個人の、あるいはグループの閉鎖性が、真のコミュニケーションを封じ、異なる関心をもつ個個人や異なる立場に立つそれぞれのグループの共同の広場たるべき場を不毛ならしめているのである。閉鎖性の原因には種々のものがある。個人的な虚栄心、党派の政治的規制、立場の固執などが典型的なものとしてまず考えられるが、ジェイムズのいう「やわらかい心」をはばむあらゆるものが、この共同の広場である哲学の自由を妨げている。

私は哲学における立場や党派性を否定するものではない。私自身も私の立場をもち、或る意味での党派性を哲学においても考える者である。それはくどいほど私がくりかえしたとおり、私が現在の私の事実として自信をもつ現在の私の余儀ないありかたの内容をなすものである。そのようなありかたで現在の私は一定の立場をとる。ただ、私は現在の私の立場を絶対的なものとして固執したり、普遍的なものとして他に強いたりすべきものとは思わないし、より正しい立場の可能性にむかってたえず開かれた姿勢をとることの大切さを知っているつもりであり、これも前に述べたところである。立場や党派性をこの意味の余儀ない（必然的）規定として受けとめてこそ、哲学一般も、あるいは特定の立場に立つ哲学そのものも発展し、内容をゆたかに出来るものであろうし、そのためには、自分や自分のグループの立場や原則、方法、結論を絶対化することなく、真理に対していつも自分の眼にうつばりがかかっているのではないかと反省の態度を持することが必要であろう。そして、この態度を抜きにしては、異なる関心や異なる立場の者、あるいは私と他人がそれぞれの問題を出しあうことは意味をなさない。私が、それ自体は単純なことである問題提出のいわば手続き的事項をあえて問題にし、その間たえず私自身を俎上にのぼせて立ち入りすぎるほどつつきまわしたのも、哲学の共同の広場を生産的なものとするための問題提出の姿勢を整えるために、実存的な発想がそこで有用ななにものかを備えているのではないかと考えたからであった。

さしあたり必要なのは共同の思考の場である。マルクス主義もキリスト教も実存主義もこれに参与する姿勢をとり、そのことによってそれぞれもその閉鎖性を打開し人類共同の財産となる道をとるべきであろう。そうはいっても、私はなにも共同の広場がなければ、そしてそこでの共鳴者や反撥者がいなければ哲学ができないとか、共同の承認がなければ哲学がのびないとか、そんな愚かなことをいっているのではない。思索は本来孤独なものであり、哲学者はいかに孤立していても、思索のエネルギーを増しこそすれ沮喪させられるものではない。哲学は考えずにいられないから考えられるものであり、哲学者はそれをせずにいられない人種である。私のいうのは、そのような哲学者を孤立させてはならないということである。もとより哲学者自身も孤立を避けなければならない。とくに哲学者である前に一個の生活者である事実に思いをひそめ、その事実に積極的にかかわる体験をもつことに意識的に励まなければならない。さもないと、思索の糸はおのずから空想的な観念の体系を紡ぐことになるからである。この弊を避けるためにも、どのように小さいものでもそれを考えずにいられないところから生まれたものを共同の問題として取りあげる風潮が必要なのに、それが欠けていることが私にこれを言わせるのである。生産的な批判・論争のまるでないことは、哲学者の誠実性を疑わせるほどである。他人の思索から学ぶものもなければ他人の批判から学ぶものもないほど偉大な哲学者ばかりとも見えないのに。

孤立した場所での思索の結晶が一時代の指導性を持ちうるような大哲学者の出現を待望するのは、現代ではまさにアナクロニズムである。現代は群小哲学者を土台にして時代の哲学を考えるべき位置におかれている。才能の多寡はあれ、関心と肌合いを異にする群小凡百の哲学者が存在すること自体のもつ時代的意味を見ないなら、現代の哲学を考えてもむなしいだろう。群小凡百とはいえそれぞれの関心の方向で誠実に思索する人々は、哲学は何であるかにそれぞれの思索で答えているわけで、その思索は尊重されてしかるべきである。そして「哲学とは何か」の問いに対する答えが群小凡百であるという事実のうちに、現代の哲学は、そのこと自体のはらむ混乱と不幸にもかかわらず、現代にふさわしい健全な出発点をもつのだと考えられる。「哲学とは何か」に対するひとつの答えが、いかにすぐれた才能によって答えられるにせよ、それだけで時代の哲学を背負って立てる時代はもはや過ぎた。哲学の専門分化がますます複雑多岐にわたることは現代の特徴であり、これが群小凡百の哲学者を輩出させる原因のひとつであるが、この事実はむしろ逆に綜合の頂点としての大哲学者の要請をこそ持ちだすものである。ひとりの大哲学者の存在が現代において不可能と思われるのは、そのような理由からではない。以前は取るに足らぬものとして哲学者にほとんど顧みられることのなかった平凡な、はえない、時には醜い、人非人視されるような人々の、いちいちの実生活における喜びや悲しみにあらわれる人間的事実を汲みあげてこそ、人間の概念は立てられるべきである。いっさいはこの人間を基にして考えなければならぬということが、現代の哲学において支配的となったが、このことは一人物に背負いきれることではないからである。群小凡百の哲学者のレーゾン・デートルもむしろそこにあり、かつての大哲学者の役割は群小凡百の哲学者のチームワークによってになわれる以外にはない。

四　わたしの存在価値

哲学の将来を見さだめるのに必要な現代の哲学的状況に関する知識は、たぶんこの雑誌（『理想』誌）においても他の学殖ゆたかな方々があきらかにしてくれるだろう。歴史が示すとおり、各時代はそれぞれの状況ゆえに特定の一面を問題としてクローズ・アップし、それに応ずる哲学を要求もし育てもしてきた。現代もまた現代的状況を受けて立つ状況的哲学を、そのかぎりにおいて一面的強調をまぬがれない哲学を要求し育てるだろう。私は、それゆえ、前に私の私的な関心にもとづく問題だと記したことを披露するにあたり、それに直接かかわりのある現代哲学の状況を素描するにとどめるが、それにはフリッツ・ハイネマンの『二十世紀の哲学』（一九五九年）という書物の「二十世紀哲学の運命と課題」と題する一章に見られる幾つかの指摘が要を得ていると思われるので、下手な私の解説よりそれを借用して要約紹介することにしよう。

「二十世紀の哲学は近代的傾向（神の国を地上で成就する人間の能力への信仰）を

その極にまで推進しながら、しかもそれと同時にその信仰実体の解体に悩んでいる。こんにちの人間はもはや何ものをも実際には信じておらず、だからいっさいを信じることができる。宗教的なもの、政治的なもの、経済的なもの、社会的なもの、哲学的なものへのこの極端な信仰の分裂が、それに対抗する絶望的な試みにもかかわらずわれわれの時代の徴である……。そこで哲学が逃げ道をとるとすれば、贋信仰や思弁的空想やレトリークに逃げるか、内容的認識を断念したり方法的・技術的問題にみずからを制限するか、道は二つにひとつである……。世界政治の中心の転位にともないソビエトのマルクス主義、アメリカのプラグマチズム、インストルーメンタリズム、オペレーショナリズムのもつ意義が増大し、こんにち以後は西洋哲学は独占的なヨーロッパの事件ではなく、〈中心はずれ〉の哲学がそれによってヨーロッパが鼓舞されようがされまいがおかまいなしにヨーロッパに向けて作用してくるのである……。文化の中心が科学——潜勢的な技術としての科学に移っている。技術化されうるかぎりの科学としての哲学が、たとえば記号論理学、数学的論理学である……。哲学の地盤を失わせその存立に脅威をあたえるのは、西における科学の支配領域の拡大と、東における集団性であり、この両者によって二十世紀の哲学の運命は本質的に条件づけられている。……今世紀の哲学は、この脅威的な状況のうちにあってそれにもかかわらず固有の領域を確保しようとする試みである。その哲学固有の領域というのを、たとえば実存哲学は科学にとってはあつかわれることも、まして解決されることもない諸問題に見いだし、現象学派、弁証法派、言語・概念分析派は特に哲学的な方法に、また存在論は科学に手のとどかぬ特別の存在論的領域に見いだしている……。すべての国々にとって一義的なひとつの現代哲学というものは存在しない。こんにちではそれぞれの国がその文化の伝統に立って現代哲学の諸相を形成している。それゆえ、この事実を理解し、それぞれのもつ資格を承認するところにのみ、それらに共通する性格を正当にたずねることもでき、諸国民間の溝に橋を架ける試みも可能になる。」

たしかにわれわれの状況はこのようなものである。私の経験の範囲でも、右に指摘されたものに本質的に通ずるものをここかしこに見いだし、そのつど私は欲ふかくあれにもこれにも関心を寄せ問題をもってきた。しかし私の場合、かれこれの問題の収斂点は結局のところ私自身である。つい先刻も、妻は私にお茶を入れてくれながら、いきなり「わたしって何なのだろう、わたしの存在価値はどこにあるのだろう」などと言いだして、私をあわてさせる。それは、お茶を入れたり食事の用意をしたりその他もろもろの召使い然たる雑務に忙殺されている日常を顧みて、そうした役割しか果たしていないものと自分を見て、それが私の実のところなのだとしたら……。という絶望の歎きからくる問いなのであろうし、彼女を遇するにあたってそのような役割しかあたえず、それが当然であるかのごとくそのようなあつかいをして平然としてかまえている周囲、とりわけ彼女と最も密接なかかわりにある私の彼女に対する処遇にむけての不信と不満を意味するものと受けとるべきでもあろう。また、そういう受けとりかたこそが一般にこの脅威的な問いを封じ、ひとを絶望の機会から遠ざけるダーザインの知恵に道をひらくものである。そしてそれは、心理的なごまかしでない実質的なものとしてのフラストレーションの解放、不満の解決として満足できる状態を作り出すことを意味する。しかし、あの問いが生きて存在していることにもなる個々の事態についての直接の不満にとどまらず、生きていること自体についての疑義にまで通じ、生きていることの意味を問うものだとしたら、それに答えることのできる何を私はもっているだろう。自分自身についても、小は家庭内での人間関係や経済関係から、大は世界の平和についてまで、脅威を感じその現状に不満をおぼえ、したがってそれを解決すべき問題として立て、理論的に整合して哲学上のとりくむべき課題とせざるをえないことを、私は山ともっている。そして、私の日常の事実は、喜びや満足を求めながらそれらのいちいちの動きにつれて喜んだり悲しんだりしながら織り成されている。それが具体的な生存の事実であり、生きているとはそういうことだと思っている。しかし、そうした生存の事実に埋もれているところへ、ある時ふと、生存の事実そのことの意味を問うという超越的な出来事がおこって、生存の事実に対する私のかかわりかたの責任を問われるという経験が私を出発点においてゆさぶる。そしてそれに対する答えを私は知らない。私が自分についてさえ知らない答えを、どうして妻のために答えてやることができよう。キルケゴールの「神はいったい何のために私を創ったのだろう。神は私に何をさせるつもりなのだろう。神は承知しているにしても私には知るよしもない」という述懐が、そのまま私にもあてはまるのである。

五　匿名的な伝達

私はそれを知らないというのは、それもひとつの答えではあるにしても、解決する答えではない。それだけでは私自身も困るし、私の問いなぞまるで突っ放してまともに相手にしないと難詰する妻のフラストレーションを昂じさせてはたまらない。なんとかこの問いを解きほぐす手だてはないものか。実存的主体性の発想は、そんなところに起源をもっと理解されていいだろう。「生きている意味は何か」というが、そのばあいの意味は何を意味するか。意味をあたえるものを何と想定してこの問いは意味ある問いとなっているのか。一般には、意味をあたえるものの総元締は私が生きているという事実そのものではないか。すべてはこれを基本として意味づけられている。だが、日常的意味の基本をなすこの事実そのものの意味のあたえ手を更に求めるとすれば、それは何か。かつては神がそれであった、天皇がそれであった。いや今でも、神や、天皇、あるいは国家が、親が、子が、愛人が、党がそれであると考えさせたり考えたりする考えかたもある。いずれにしても、ここでの意味のあたえ手はいわば私の生殺与奪の権のにぎりてである。近代はこれを自己以外のものににぎらせることをいっさい拒む態度を確立した。実存的主体性の思想はこの個人主義の伝統に立つ近代性をもっている。

しかし、近代合理主義が生存の事実性をあらゆる意味の無条件的前提とし、それに基づくダーザインの枠内での問題に関心を集中し、生存の意味を問うがごとき超越的な問いをノンセンスとして封じたり無視したりするのと異なり、なおこの超越的問いの存在する事実から眼をそむけることなく、その問いが自己においておこる事実をすなおに受けとめて、しかもそれを形而上学や神話や詩において超越的にかたづけるのではなしに、近代的に確立された自我をさらに内面的に深化させる方向でこの問いを受けとめようとするのが、実存の思想である。実存的主体性において立てられた「自己」という概念が近代的概念としての「自我」から区別されねばならないのは、その主体性が超越的なものの内面化の契機を有するところにある。キリスト教的表現を借りて見るならば、かつては私が生きていることの意味は「神の栄光がそこにおいてあらわれんがために」という表現で答えられた。実存の立場は、「神の栄光がそこにおいてあらわされる」というその表現に託された内実を、自己の実存的主体性にかけて内面的にとらえなおす試みとして理解されてよい。非神話化などということもその試みの一部である。これはキリスト教に例をとった一例であり、実存の哲学がしばしば宗教的なもの、詩的なものと重なるのは、この問いを保持して放さないからである。むしろ、この問いを保持してひたすらそれに取り組むことにおいて実存の哲学はその特性を発揮し、そのことを通じて現代哲学のなかでの一定の意義を持ったのである。実存的主体性が内面性の要求と切りはなしがたい概念であること、そしてその主体性が実はたえず挫折における体験を通して結局は客観的なもの(他者・世界・神)を取りもどす弁証法的展開をなすものであること、これらを実存の哲学は内容としてきた。

私はこの哲学の内容が時代にすでに消化されてしまったとは思わない。部分的にはまだ消化剤を添えなければ消化不良を招くような、思想としての構成上の不備もある。一例をあげるならば、主体性そのものがその展開におけると同時的にその構造においても弁証法的であるという内面性に関する論がそれである。したがって、幾つかの不備を補い論ずることは勿論この哲学の課題である。また、この哲学を総体として現代哲学の全般的状況のなかで確保し、その関連において現在も将来もおかされてならぬこの哲学の積極的意義が発揮されるよう厳正に守護することは、いっそう重要な課題である。そして、それはたぶんアカデミズムが担当する課題であろう。しかし、この哲学にとって最も重要なことは、この哲学をして哲学たらしめたもの、この哲学でさえそのためのひとつの道具にすぎないもの、それに即した行動が具体的に個々の状況のなかで実践されることである。それは、むしろこの哲学が実存の哲学としては越えられることであり、匿名化したかたちで、私が生きている事実を素朴にあらゆる意味の根拠にしたところから始まる個々の生存配慮の哲学、イデオロギー等々のなかで実質的に実存を産み育て守る哲学的活動となることを意味する。思想の広場では、実存の哲学は同じ歌をくり返しているばかりが能ではない。マルクス主義にしろ何にせよ、それらはみな実際に現実にはたらきかけ、人間の生存条件の変革をめざし、具体的にそれぞれの成果を獲得している生産的な哲学である。実存の哲学もまたその弁証法的運動を通じて生存の事実を肯定することに還帰するものであるかぎり、生存の事実から出発する他の諸思想とつながる場所をもつはずである。その自体は非生産的で、産婆役を果たすのが思想においても実存の哲学の意義であるとしても、錬達の産婆は各時期における産婦の状況を個人に即して承知していなければならない。実存的批判が現実に有効であるためには生産的な生存配慮の哲学に身をおいて、そこでのあらゆる問題に精通しているのでなければならない。実存の哲学と称するものの姿は、拒否権を食って生きている批評家を思わせる。「批評家が正しく批評をするためには批評家もいちど作品を作ってみるがいい」という言いかたの或る種の正しさがここにもあてはまると共に、実存は本来匿名的にしか伝達されえないという基本問題に注目すべきであろう。

あとがき

旧稿のうち実存的人間論と称すべき関連にあるものを、ここにまとめてみた。私にとっては、この人間論がすべての哲学的営為の核心であり、どんな生活経験も、どんな哲学的知識も、そのなかに位置づけて得心できてこそ意味があるのであった。「実存」という言葉に執着するつもりは少しもなかったはずだけれども、この言葉で私自身がわがものになしえたつもりの事柄への執着が、やはりこの言葉そのものへの固執となって今に及んだことを、こうしてまとめてみると、今さらのごとく思い知らされる。それは、あるいは表現の怠慢というべきことかもしれない。だが、実存主義が時勢おくれとされ、実存の語がもはや何の魅力もない陳腐なものと見なされる風潮が進むなかでは、事柄の大事さへの執着が、依怙地なまでに私にこの言葉を使わせている面もある。言葉や思想の流行り廃りに対する抵抗感が、新しいだけが能ではなく、発展することが良くなるとは限らず、新しいとされるものももっと新しいもので忽ち取って代わられ、いたずらに慌しく駈けつづけるだけではないか、それならいっそ古びたものにあくまでもつきあいつづけ、そこに停滞沈潜するのもよかろう、という気にもさせる。そしてそれは単に言葉や表現の問題ではなく、内容の実質からしても「実存」に通ずることと思われる。果敢な戦闘開始（アンガージュマン）の若さの進取と無精に旧套になずむ老いの保守と、実存はその双方に都合のよい論理を提供してくれるところがある。

それにしても、ここでは「実存」の語があまりにも過剰で、われながらウンザリする。よほど親切な読者でなければ、同じような叙述を通じてそのつどわずかずつ異なる趣きを加えている変奏の綾に目をとめてくれることは、むずかしいかもしれない。ここに集められた論考は二十余年にわたっているから、執筆したそのときどきの社会的・思想的情勢の反映を見せてはいるが、変り映えのしないライトモチーフは、一貫した忠実さというよりは、むしろ呉下（ごか）の旧阿蒙（きゅうあもう）を脱しきれぬ身の程を思い知らせる。

反省をともないながらも私的な関心を追うていくことの許諾を「実存」は与えてくれるが、私的であるかぎりではおのれひとりの事として、胸中に秘して黙すべきことと思っていた時期も、若い頃にはあった。だが、ひとつの小さな事件が、その考えを改めさせた。風に誘われるかのごとく、そうだ、そこにはいつも風があったのだが、私には今この場にこうして存在しているのと寸分たがわぬ場面を、かつて確かに経験したおぼえがある、という異様な確信に襲われる瞬間が、ときどきある。理窟に合わぬこの確信を、私はその他の非合理的な思いのかずかずと共に、他人に通じるはずもなく、語れば笑殺されるだけの、私ひとりの恥ずかしいこととのみ思っていたのだ。ところが、何かのはずみに、ふと友人にそれを漏らすと、なんのことはない、それなら自分にも同じおぼえがあると彼が言うのだ。これが人々にとってかなり一般的な現象で、心理学者がアナムネーゼ（想起）と名づけていることを後に知った。恥じて秘すにはおよばないとわきまえたところで改めて着目してみると、むしろ逆に、この最も私的なものにこそ最も公的なものがあり、あるいは最も公的なものとされて然るべきものの根があり、この非合理的なものにこそ合理的な体系知の原点があると見えたのである。「時」の断絶だとか、「時」とは別次元として「永遠」を立てる発想だとか、ひいてはギリシャ的な「イデア界の想起（アナムネーシス）」、あるいはニーチェの永遠回帰なども、これと結び合わせて考えるとき、活き活きとなる。公と私を裁断して断ち切りにした近代主義の問題性だとか、その近代の知恵を生かしつつ問題を解決するために、「公」と「私」の統一としての「個」の概念を改めて吟味することだとか、それとの関連で「単独者」を解釈することだとか、派生的に思い合わされるものが豊富に存在した。だが、そうしただいそれたことを考えたり述べたりする前に、この小事件は根本的に、私がみずからの最も私的なことに思いを潜め、そこで考えたものを公けに語ることを安堵させてくれたのである。

ところが、わがままな割には私ははなはだ無精に出来ていて、何か言いたいことや為したいことがある場合にも、誰かそれを言ったり為したりしてくれる人はいないかと、まず日和見をする。自分が言ったり為したりしてみても、決して十分な出来にはならず、後味のわるい思いをすることが、ますます無精を決めこませる因にもなる。まして文字に書き記したりすると、あとあとまで形を残して、やりきれなさを募らせる。たまには案外まっとうなことを書いているではないかと見ることもあるが、それがまっとうであればあるほど、まっとうでない者がまっとうなものを記しているという羞恥にさいなまれるし、多くは拙劣な記述に消し去りたい衝動をおぼえる。だから、言われるべきこと、為されるべきことは、きっといつか誰かによって言われ、為されるであろうし、言われも為されもしないで終るならば、所詮、それですむ程度のことにすぎなかったのだし、何も私が慌てて言ったり為したりするには及ばない、という怠け者の論理が、民主主義の名で私に歓迎されることになる。しかも、よくしたもので、そうして無精を決めこんでいるあいだに、たいていは、同じ趣旨を、私がそうする場合より遥かに有効な材料を用い、いっそう巧妙な表現で、ちゃんと言ったり為したりしてくれる人が現われるのである。それでも書いたものが或る程度残っているのは、私がわれにもなく痺れをきらして癇癪まぎれに筆を執ったり、身の程を忘れて何か書けそうな気になって引き受けた文債の後始末に迫られたりしたことが、私の生活のなかで一度や二度でなく存在したことの証拠というべきか。

或る友人は私に忠告して言う――日本では西洋の哲学をやってきた人が、或る年齢になると東洋回帰して、隠者然たる境地を楽しむ例が多いが、おまえにもその傾向が見えるから、そうならないで、あくまで西洋流の実存の自己主張に徹してほしいものだ、と。私は彼に微笑をもって応じるしかない。実存の自己主張の現場は、学究的生活には限らない、生活そのものだと言いながら。

この書物がどんな読者にめぐり合い、どんなふうに迎えられ、ないしは拒まれるか、私は知らない。だが、私には哲学の場での自分の姿を見せてくれる鏡で、今のところそこに映る姿は美しくない。何とか自惚れ鏡に仕立てる手だてはないものかと思うが、それは無理な注文にちがいない。

一九八三年九月十三日

天草・富岡にて　飯島宗享

編集人あとがき

本書は一九八三年、つまり四十年以前に『論考・人間になること＊実存的人間論』の書名で三一書房から刊行された一書に序文「主体性としての実存思想」を増補し『実存思想』と改題して再刊するものである。何を今さら旧聞に属するものを、と思われる方も多いであろう。そこで、編集部として現在でこそ読まれるべき内容と判断するに到った経緯を明らかにしておく義務があると感じ「編集人あとがき」を添えることにした。

一昨二〇二一年初めであったと記憶するが、荒地派の詩人論などを小社で刊行している日大藝術学部の少壮研究者から協力の依頼を受けた。依頼には二つの意味がある。一つは彼らが立ち上げようとする叢書『実存文学』の製作であり、一つはその内容の一部をなす今二〇二三年三十七回忌を迎える実存哲学者飯島宗享の遺族としての資料提供である。前者は科研費の助成が決定しておりしかも非売品の条件付きとのこと、内容に見合ったものを期限内に作りさえすればよいので了承し、守るべき進行予定を伝えた。さて後者だが、これも心当たりがあり、その旨を諮ると諒とされたので引き受けた。亡父三十代の後半であったか、二夏の休暇を費して書き上げた小説があった。亡くなった折りの遺品整理で見出だし、三十年余り破棄せずに保管していたのだなとパラパラ読んだ記憶があったのである。当時は存命であった先妣からの伝聞と思うが、脱稿した作品をどなたか専門家に目を通して戴いた処、書けてはいるがこれで食べて行くのは難しかろうとて小説の類を書き続けるのは断念するよう諭され筆を折ったようだ。資料として提供する前に読んだ感想も、当時の専門家の示唆が穏当なものと思われたことは書添えるべきであろう。

さて、このことを機縁としてあれこれ思い起こすこともあり、「いかなる現代思想にも、私たちは与しない。半世紀ものあいだ歴史の底に眠っていた、実存主義をよみがえらせること——もう一度世界に意味を回復させることが、私たちの目的である」と創刊の辞の一節に述べる叢書編者山下洪文氏の主張にも大いに共感する処があったので、第一巻刊行後自作の寄稿文を切り貼りした先考のスクラップブックを見て貰った。新聞等の依頼で書いた短文ばかりだが約三十年、かなりの量であった。貴重な資料と判断されるので全て翻刻し第二巻の『実存文学』に収録したいとの応答を得た。それだけの意味があるだろうかと思いつつも、資料ということであればとありがたくお願いすることとした。何しろ古いものは五十年を越え、古い新聞などは酸化して赤茶け崩れかけていたのである。

著作権者としての責任と製作者としての責任の二つの意味から、翻刻された原稿の精読を余儀無くされることになった。通読してみての発見だが、時もテーマも雑多な短文の集積、固より一定の主張のあり得ようはずもないが、一人の実存者が真摯にその時その時を生きた姿が浮かびあがるのである。実存が哲学たらんとすればまた別の手法努力が必要であろうが、実存が態度であるならば、実に模範的な生き様が読み取れるのである。意図して書くことの叶わぬ珍奇な一書ともなり得る一連の文章と思われた。些かの驚きであった。

叢書第二巻刊行後、叢書編者からさらに四年四巻分の科研費の請求が認可され、別途雑誌の特集などにも腹案があることを伝えられ、重ねての協力を要請された。さらにということで、切り抜いてスクラップするには適さない雑誌掲載の文章が思い浮かんだのだが、亡父には訳書を別にして少ないとはいえ著作の単行本も数冊ある。資料性の高さを考慮するのであれば、単行本未収録のものを選ぶ必要があると考えた。著書を机に並べ照合を始めた。本書の登場である。

この一書には巻末に初出一覧があったので、この本に関する収録作の確認はすぐに出来た。しかし諸般の事情でこの一冊を筆者は未読であった。そこでこの際読んでみようと読み始めたのだが、これがなかなか良いのである。

論理の展開に衒いがなく直截簡明で小気味好いくらいだ。刊行された一九八三年当時、既に実存主義に流行の翳りが見え、残照の趣さえ見える一方、流行とは無縁に、哲学たらんとする実存には未だ不備もあり、そこをしも見つめつつ実存の何たるかの概要を明らかにしている。叢書『実存文学』の編者も形容して居られるが、実存主義はほぼ半世紀歴史の底に眠っているらしい。実存思想をよみがえらせようとするにせよ、啓蒙のために供すべき書籍が皆無なのである。旧懐に属す表記を含むとはいえ、それは限りなく少ない。「十年や二十年で古くなるようなことは書かない」と生前語っていたことを思い起こすが、主要な論旨に古びた点は見られない。類書を見ない現在、実存思想の概要を提供する優れた一書と考え再刊する次第である。

物質的豊かさと生活の利便性を求めるのは人の常であろう。加えて現在の計量的悟性の発展は人々の欲求をみたすに充分である。否、技術の進歩はすでに人々の欲求を超えているともいえよう。しかもその弊害はあらゆる局面で露呈している。人間性の疎外が意識に上り、感性の復権やら、主体性の恢復が叫ばれ、実存思想が厚遇された昔日に比し、地球環境を考えても、人がのびのびと生きることを考えても、現在の疎外情況はいや増している。人が人として充足して生きるためには、やはり実存が不可欠なのであろう。

本書がよき読者を得て、彼がソクラテス以来の「魂の気づかい」の伝統を、いま改めて新鮮な驚きとともに我がものとし、主体的に生きる自由を得るものと信じたい。

二〇二三年復活祭の日に

未知谷編集人

初出一覧

はじめに　主体性としての実存思想――『早稲田大学新聞』一九五七年四月九日
調律のために1　ソクラテス的愛知への顧慮――『哲学概論』（以文社・一九七一年四月）
調律のために2　現代哲学の課題――『現代10大哲学』（富士書店・一九七七年九月）
Ⅰ　実存と理性と気分――雑誌『実存主義』二四号（一九六二年一月）と、『実存主義講座Ⅳ』（理想社・一九七二年七月）の合成
Ⅱ　生と知の主体への問い――『現代哲学を考える』（有斐閣・一九七八年十一月）
間奏曲　ことばを使う奴――雑誌『現代思想』第八巻八号（一九八〇年七月号）
Ⅲ-1　生成における人間とその思想――雑誌『理想』三六一号（一九六三年六月号）
Ⅲ-2　単独者の主体的現実性――岩波講座『哲学3』（一九六八年二月）
附録1　哲学者と哲学研究者――雑誌『理想』三一七号（一九五九年十月号）
附録2　実存の哲学的問題提起について――雑誌『理想』三四七号（一九六二年四月号）

いいじま むねたか

1920年長崎県生まれ。1942年東京帝国大学卒業。1987年没迄東洋大学教授。主要著書に『逆説』『気分の哲学』『論考人間になること』『自己について』『実存主義辞典』（編著）『西洋十大哲学』（編著）『現代十大哲学』（編著）『哲学概論』（共編著）などがあり、訳書にキルケゴール『美しき人生観』『初恋』『誘惑者の日記』『結婚の美的権利』『美と倫理』『現代の批判』『死に至る病』『不安の概念』『イロニーの概念』『哲学概念』（共訳）『講話・遺稿集』（編訳）『単独者と憂愁』（編訳)、ヤスパース、ルカーチ、ラッセル、ハイネマン、ショーペンハウアー、カント、シェーラーなど多数がある。

実存思想

2023年 4 月19日初版印刷
2023年 5 月15日初版発行

著者　飯島宗享
発行者　飯島徹
発行所　未知谷
東京都千代田区神田猿楽町 2 丁目 5-9　〒 101-0064
Tel. 03-5281-3751 / Fax. 03-5281-3752
［振替］ 00130-4-653627

組版　柏木薫
印刷所　モリモト印刷
製本所　牧製本

Publisher Michitani Co. Ltd., Tokyo
Printed in Japan
ISBN 978-4-89642-691-5　C0010

飯島宗享の仕事

S. キルケゴール 著
飯島宗享 編・訳・解説

単独者と憂愁

先行する解説に続く主要著作からの絶妙な引用により、キルケゴール自身の言葉でその思想の全体像を明らかにする本書は、この国に実現したキルケゴールのもうひとつの主著とも言える。実存思想の本質を端的に学びたい初学者にも最適。

978-4-89642-392-1
272頁本体2500円

未知谷

飯島宗享の仕事

S.キルケゴール「あれかこれか」五分冊完訳

菊地信義装幀

飯島宗享訳　中里巧校閲

美しき人生観

978-4-89642-000-5

美的生活者を覆う憂愁とは、眼前の欲望にばかり馬鹿正直で、思想は貧しく罪をさえ犯せないみすぼらしさをいう。その姿は佳麗華美であるが、魂は卑屈で厭らしく、情熱のかけらさえない退屈な生活を笑う。第1部第1分冊　288頁2500円

飯島宗享訳　中里巧校閲

初恋

978-4-89642-001-2

美しいものを悪と呼び、美しいものに寄せる心を罪と呼ぶべき場合がある。それは、人が生きて存る限り自らに課さねばならぬ掟であり、当然深い悲しみが伴なう。しかし、その受難をも享楽する亡者もある。第1部第2分冊　224頁2000円

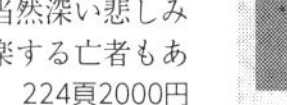

飯島宗享訳　中里巧校閲

誘惑者の日記

在庫僅少

978-4-89642-002-9

「私とは何か」「私はこれでよいのか」と問う自分とは別に、あるが儘の私がある。勇気を持って退屈を退け興味ある物のみを追い求めよ。享楽の追求に真摯である官能の英雄たることで、感性に宿る憂愁を知る。第1部第3分冊　272頁2400円

飯島宗享訳　中里巧校閲

結婚の美的権利

978-4-89642-003-6

単独の人間こそ真であり、多数は誰でもない者、非真理である。従って常識や普通といった規定はその意味を失う。主体としての自己を多数者から解き放ち美的単独者と倫理的単独者の愛を巡る対決に耳を傾けよ。第2部第1分冊　256頁2200円

飯島宗享・濵田恂子共訳

美と倫理

978-4-89642-004-3

倫理的、宗教的なものと共通の対立項である美的＝感性的なものの理念を明らかにして感性的陶酔を覚醒することが望まれる。夢から現実への飛躍を伴う範疇の移行であり、自己自身を選び得れば、そこには幸福がある。第2部第2分冊　352頁3000円

未知谷